KB205497

루터, 겨울에 설교하다

루터의 대강절과 성탄절 설교

루터,
겨울에
설교하다

루터의 대강절과 성탄절 설교

□ 일러두기

본서는 다음 자료들을 참고하였으며 여기에 인용하거나 참고한 책에 대한 각주는 생략함을 밝힌다: 권진호, 『루터에게 설교를 맡겨라』(서울: 두란노아카데미, 2011); 권진호, "'매일의 설교자' 마틴 루터", 「신학사상」 145 (2009), 223-244; E. Strauchenbruch, Luthers Weihnachten(Leipzig: Evangelische Verlagsanstalt, 2011); W. Metzger ed., Predigten über die Christusbotschaft(Stuttgart, 1996); U. Asendorf, Die Theologie Martin Luthers nach seinen Predigten(Göttingen, 1988).
루터의 대강절, 성탄절 설교는 포악(A. Poach)이 편집한 루터의 가정설교집(Hauspostille)을 근거로 루터의 바이마르 전집을 참조하여 번역하였다(cf. K. Aland ed., Martin Luther. Die Predigten(Stuttgart, 1965); J. G. Walch, Dr. Martin Luthers smmtliche Schriften, v. 13b).

I. 루터의 대강절 및 성탄절 설교 이해

루터는 복음을 '그리스도와 그의 사역에 관한 이야기'라고 정의한다. 다시 말해 복음이란 그리스도가 이 땅에 오신 기쁨의 소식이며, 그가 행하시고 말씀하시고 겪으신 이야기다. 이 복음은 구원자 그리스도가 우리에게 오신 사건으로 시작된다. 그리고 이 사건이 대강절과 성탄절 의미의 중심축을 이룬다.

대강절은 고요하고 평온하게 자신을 돌아보는 회개의 시간인 동시에 성탄절 절기를 준비하는 때다. 이 기간에는 성탄절의 의미와 중요성을 이해하기 위하여 성탄절에 이루어진 단 일회적인 사건, 하나님의 인간되심을 기억하는 것이 필요하다. 하나님의 아들이 이 세상에 오셔서 우리와 같이 되셨다는 사실은 인간의 이성으로는 이해할 수 없는 사건이다. 이 사건 앞에 우리는 할 수 있는 한 최고의 겸손한 모습으로 그리고 간절히 사모하는 마음으로 인내하며 주님의 오심을 기다려야 한다.

주님의 오심을 인내함으로 기다리는 것이 대강절의 핵심이라면, 성탄절의 본질은 그 구원자가 세상과 우리에게 오심을 기뻐하는 것에 있다. 세상의 구원자가 우리에게 오시되, 구원과 축복을 더불어 가져다 주시며 이 땅에 평화를 선포하신 위대한 일이 성탄절을 통해 이루어진다. 이러한 일련의 중요한 두 절기의 의미를 바르게 깨닫는 것이 기독교의 본질을 이해하는 데 있어 무엇보다 중요하다.

우리는 매년 대강절과 성탄절을 보낸다. 필자는 대강절과 성탄절의 참된 의미를 되새기기 위해 루터의 네 편의 대강절 설교와 두 편의 성탄절 설교를 살펴보고 이를 통하여 복음의 영적 의미를 묵상하고자 한다.

1. 설교자 루터

　종교개혁자 루터는 평생 두 개의 직무를 갖고 활동하였다. 하나는 비텐베르크 대학의 교수로서, 다른 하나는 비텐베르크 시립교회의 설교자로서다. 이 두 가지 직무는 루터의 삶과 행적에 결코 간과할 수 없는 중요한 의미를 지닌다. 왜냐하면 그는 교수와 설교자의 직무를 통하여 종교개혁을 추진하는 결정적인 자극을 얻었기 때문이다.

　루터는 1512년(또는 1509/10년)부터 설교 강단에 서기 시작하여 세상을 떠나기 바로 직전까지 설교하였다. 이 일이 루터에게 가장 본질적이고 중심적인 직무였으며 루터의 생애에 있어서 최고의 과제였다. 설교자로서 루터는 자신의 학문적인 성경 연구로부터 얻은 신학적인 통찰들을 비텐베르크의 일반 시민들도 이해할 수 있도록 선포하고 가르쳤다. 즉, 그는 연구실에서 깨달은 복음의 가르침을 시민들이 자신들의 삶에 적용시킬 수 있도록 교회 강단에서 선포하였다.

　이렇게 성경연구로부터 얻은 종교개혁적인 사상은 설교를 통해 전파됨과 동시에 종교개혁의 성공을 위한 전제조건이기도 했다. 루터에게 있어 종교개혁의 승패는 무엇보다 성경 연구에 의한 신학적 통찰에 달려 있었던 것이다.

루터는 그의 첫 설교를 수도원의 식당에서 행했다. 그리고 1512년 (설교에 대한 슈타우피츠의 요구에 따라 빠르면 1511년, 그러나 늦어도 1512년 박사학위 이후) 부터 루터는 수도원의 예배당에서 설교하기 시작했고, 이곳이 루터의 최초의 공식적인 설교 장소가 되었다.

루터는 또한 비텐베르크의 시립교회에서 설교자로 활동했다. 그는 이 직무를 시의회로부터 정식으로 부여받았는데, 이것은 후에 종교개혁자로서의 행적에 기여하는 배경이 되었다. 루터는 이 시립교회에서의 설교직무를 1513년(적어도 1514년)부터 그의 생을 마감하기까지 수행하였다. 그러므로 루터의 본래 회중은 비텐베르크 교회 성도였고, 그는 이곳을 '나의 교회'라고 부를 정도로 그 교회에 각별한 의미를 부여하였다.

루터가 평생 설교한 비텐베르크의 시립교회 강단 전경

루터는 비텐베르크성(城) 교회에서 제후들을 위한 설교가로도 활동했다. 만약 제후가 성에 거하거나 선제후의 각료가 비텐베르크에 거할 때면, 루터는 비텐베르크성 교회에서의 설교를 부탁받았다. "제후 손님들이 비텐베르크성에 거할 때, 일반적으로 루터는 설교를 부탁받았다. 그 당시의 회계 자료에서 우리는 누가 손님으로 비텐베르크의 성에 거했는지를 알 수 있고, 루터가 누구 앞에서 어떤 설교를 했는지를 확인할 수 있다."

루터는 또한 잦은 여행 중에도 설교를 했다. 한 예로, 루터는 보름스(Worms) 국회에 출석하기 위해 왕래하는 도중(1521년 4월 2일~16일/4월 26일~5월 5일) 바이마르(Weimar), 에어푸르트(Erfurt), 고타(Gotha) 등의 도시를 경유하면서 그곳에서 설교하였다. 이것에 관한 구체적인 한 증언이 그라이저(Daniel Greiser)를 통해 전해진다. 그는 당시 드레스덴(Dresden)의 감리사이며 설교 현장의 목격자이기도 하다.

나는 에어푸르트에서 수도사 복을 입은 루터가 설교하는 것을 들었다. 그날 교회는 수많은 사람들로 가득 찼다. 그런데 갑자기 교회의 2층석에서 우지직 소리가 났다. 모두들 2층이 무너질 것으로 생각했다. 그 순간에 루터가 그들을 진정시키지 않았다면 몇몇 사람들은 창문을 부수고 교회 뜰로 뛰어내렸을 것이다. 그는 다음과 같이 말했다. "잠잠히 머무르시오. 사단이 유혹하고 있는 것입니다. 가만히 있으면 어떤 일도 일어나지 않을 것입니다." 결국 그날 아무 사고도 일어나지 않았다.

그라이저의 이 진술은 루터가 4월 6일 토요일에 에어푸르트에 도착

해서 주일 낮에 요한복음 20장 19~23절을 본문으로 설교하던 상황과 관련된다. 위의 기록에 따르면, 루터가 설교하는 도중 그곳에 가득 모인 회중은 건물이 붕괴할지도 모른다는 공포에 빠졌고, 강단에서 설교하던 루터가 이 두려움에 사로잡힌 회중을 진정시킴으로써 그 위기에서 가까스로 모면할 수 있었다.

그 밖에도 루터는 그의 집에서도 설교했다. 그가 병으로 인해 오랫동안 공적인 강단에서 설교할 수 없었기 때문이다. 이 책에 수록된 루터의 대강절, 성탄절 설교들은 당시 그의 집에서 선포된 것들이다.

루터의 삶은 중단 없는 설교자의 삶이었다. 실례로 1528년에 행한 루터의 설교는 모두 195편인데, 이것은 대략 145일에 걸쳐 행해졌고 그중 49일은 매일 두 번씩 설교가 이루어졌다. 1529년에는 121편의 설교를 81일에 걸쳐 행했는데, 그 해 52주 가운데 40주는 두 번씩 주일설교가 행해졌다. 루터는 평균적으로 매주 두 번 또는 세 번, 경우에 따라서는 네 번까지 설교를 했다. 그래서 자신을 '매일의 설교자'라고 불렀다.

루터는 당시 매우 감명 깊은 설교자로 소문이 나 있었다. 시민, 주변 지역의 농민, 학생, 군인과 많은 손님들이 그의 설교 청중이었다. 루터는 설교의 이해를 돕기 위해 그들이 잘 알고 있는 일상생활의 풍경을 성경 이야기와 연결시켰다. 그의 설교는 그의 강의와 탁상담화에서처럼 참석한 사람들에 의해 필기되고 루터의 동료들에 의해 편집되었으며, 비텐베르크 인쇄소에서 책으로 만들어지고 그 지역의 출판인과 책 상인들에 의해 판매되었다.

비텐베르크에서 설교하는 루터

비텐베르크의 시립교회 강단에 있는 이 그림은 1547년 크라나흐가 그린 것으로 종교개혁의 본질적인 내용을 매우 적절하게 보여주고 있다.

그림 오른쪽에는 루터가 설교단에서 복음을 전파하고 있는 모습이 보인다. 그림 중앙에는 그리스도의 십자가가 있다. 루터는 왼손으로는 성서를, 오른손으로는 복음의 중심적인 내용인 십자가에 매달리신 그리스도를 가리키고 있다. 즉 그는 청중을 위한 안내서인 성서가 곧 예수 그리스도에게로 이끄는 안내자임을 보여준다.

이 그림은 바로 종교개혁의 기본원칙, 즉 '오직 성서로'(sola scriptura), '오직 믿음으로'(sola fide)를 떠오르게 한다. 믿음의 중심이자 대상은 바로 십자가에 매달리신 그리스도임을 보여주는 것이다.

그림 왼쪽에는 말씀을 듣는 자들이 있는데, 이들이 바로 교회 공동체를 구성한다. 여기에는 남자, 여자 그리고 아이들까지 포함되어 있다.

2. 루터의 대강절 설교

대강절의 핵심은 그리스도의 오심과 이에 대한 준비에 있다. 그런데 지금까지 대강절기의 그리스도의 오심에 대한 준비와 기다림은 주로 주관적인 관점으로 이해되어 왔다. 이제는 여기에 객관적인 관점의 준비와 기다림이 보충되어야 한다. 다시 말해 그의 사역에 대한 세상 역사적인 조건들이 주어졌을 때, 즉 때가 차매 그리스도가 육신으로 오셨다는 것이다. 대강절은 '그리스도의 인간 되심이 준비된 객관적인 사실을 축하하는 시기'다. 그리스도의 인간 되심, 구원자 그리스도의 오심을 객관적으로 준비하는 절기로서의 대강절에 루터는 각 날에 맞게 성경 본문을 택하여 설교하였다.[1]

대강절 설교의 본문으로 가장 많이 쓰인 말씀은 대강절 첫 번째 주일 교회력 성구인 마태복음 21장 1~9절이다. 루터는 이 말씀을 대강절 첫 주일 설교에서 18회 이상 사용하였고, 종려주일에도 8회 이상 사용하였다.

예루살렘성에 입성하는 예수님에 관한 기사는 루터의 초기 설교(대략 1525년까지)에서 상당히 알레고리적인 의미로 설교되었다. 예를 들면 루

---

1) 권진호, 『루터에게 설교를 맡겨라』, pp.16-28 참조.

터는 전통에 따라 그리스도의 세 가지 오심, 즉 성탄절에, 각 신앙인의 마음에, 그리고 마지막 심판날에 오심에 대해 설교하였다. 예루살렘 입성 이야기는 오늘날 각 개인에게 또한 교회 안에 오시는 그리스도로 해석되며, 각각의 사항들은 알레고리적으로 설교되었다.

예루살렘 입성에 대한 알레고리적인 해석을 구체적으로 살펴보자. 먼저, 예수님이 나귀를 끌고 오라고 두 제자를 보내신 것은 하나님 말씀을 설교하라는 명령으로 해석된다. 제자들이 끌고 온 나귀와 나귀 새끼는 한때 율법 아래에 있던 우리 모두를 뜻한다. 그런데 나귀는 사람을 태운 적이 있지만, 새끼는 아직 사람이나 짐을 실은 적이 없다. 여기서 나귀는 우리의 옛 사람을, 새끼는 우리의 영혼과 마음을 나타낸다. 이것에 대하여 루터는 우리 인간은 외적으로 율법과 그 행위를 할 뿐이지, 내적으로는 마음을 다해서 율법을 지키고자 하지 않고 오히려 율법을 거스르고 그것을 미워한다고 해석한다. 그런데 새끼가 이미 그리스도가 타시도록 준비되어 있는 것처럼, 우리 인간은 사도와 설교자들이 선포하는 하나님의 말씀을 통하여 그리스도에게로 인도된다는 것이다.

정리하여 말하면, 인간은 외적으로 율법에 묶여 있지만 진심으로는 율법에 순종하지 않는다. 사도들은 이러한 상태의 인간을 복음의 설교를 통해서 해방시킨다. 또한 새끼 나귀는 오직 그리스도만이 탈 수 있다. 왜냐하면 영혼을 지배할 권리를 가진 분은 오직 그리스도밖에 없기 때문이다. 나귀 새끼가 오직 그리스도에 의해 지배되고 조정된다면, 우리의 마음과 영혼뿐만 아니라 감정도 은혜로 변화될 수 있다. 그리스도만을 태우고자 준비한 새끼 위에 그리스도가 탄 이후에는, 어미 나귀도 자발적으로 새끼를 뒤따르고자 한다. 즉, 모든 외적이고 육적인 것도 하나님을 섬기고 하나님 마음에 합하게 됨을 뜻한다. 이것은 은혜가 있는 곳에 행위가 뒤따라간다는 의미이기도 하다. 그리스도는 인간의 영혼 안에 거하시지만 육체도 지배하신다. 루터는 믿음과 행위의 관계를 나귀와 나귀 새끼를 통해 비유적으로 잘 묘사해주었다. 믿음과 행위는 구분되어야 하지만, 따로따로 분리될 수는 없다. 믿음이 있다면 그 열매로 행위가 뒤따라오게 되는 것이다.

두 번째 대강절 설교 본문으로 15회 이상 자주 사용된 말씀은 누가복음 21장 25절 이하다. 이 말씀은 주님의 마지막 심판의 날에 대한 내용으로, 여기서 루터는 세상의 마지막과 그리스도의 재림에 대한 사도신경의 믿음을 전했다. 마지막 날에 대한 설교는 마지막 날을 즐거워할 수 있는 사람뿐만 아니라 그것에 공포를 느끼는 사람 모두를 위한 말씀으로, 모두에게 그 날을 '준비하라!'고 외치고 있다. 그리스도인들은 삶의 날짜를 이생에서만 세어서는 안 되고, 그리스도가 다시 오신다는 사실을 염두에 두고 살아야만 한다. 우리가 한편으로는 이 세상의 삶 안에 있고, 다른 한편으로는 마지막 날을 기다리는 가운데 있기 때문이다. 그리스도인들은 이 세상에서 단지 손님일 뿐이다. 잠깐 머물다 가는 인생일 뿐이다. 우리 모두는 언젠가 한 번은 죽어야 한다. 그렇기에 모든 일에는 종말이 있다는 권고에 귀 기울여야 한다. 하지만 항상 마지막 여행을 준비하면서도 우리는 이생에 서 있어야만 한다.

우리는 열심히 일해야 한다. 마치 영원히 살 것처럼 말이다. 그리고 우리는 지금 당장 죽는 것처럼 생각하며 살아야 한다. 마치 지금 당장 심판대 앞에 설 것처럼 말이다. 마지막 날에 대한 기다림은 결코 우리를 게으르게 하거나 낙담하게 만들지 않는다. 오히려 그리스도인들은 마지막 날을 즐거워할 수 있다.

루터는 특별히 마지막 날에 대한 그리스도인들의 기쁨을 강조한다. 그리스도의 재림은 믿는 자들의 절망과 패배 속에서 일어나는 것이 아니라, 믿는 자들로 하여금 그리스도의 자비에 온전한 소망을 두도록 만든다. 복음을 통하여 영혼이 자유하게 되듯이 마지막 날은 또한 육체의 구원을 가져다준다. 루터는 이러한 그리스도인을 탑에 붙잡혀 있는 농부에 비유한다. 후에 주인이 와서 탑을 포위하고 공격하게 되면, 곧 풀려나리라는 믿음을 갖고 있는 농부는 그 기쁨으로 인하여 두려움을 이기게 될 것이다. 그리스도의 재림은 초림 때의 모습과는 다를 것이다. 그때 그리스도는 엄한 재판장의 모습으로 나타나실 것이다. 마태복음 23장 39절이 아직 성취되지 않았기 때문에, 우리는 아직 초림 가운데 서 있다. 그러나 초림은 이미 재림을 시사하고 있다. 우리 모두는 초림과 재림 사이에서 살고 있다. 루터는 이러한 주님의 두 번째 오심, 즉 재림이 그리 멀지 않다고 보았다.

세 번째 대강절 설교 본문으로 13회 이상 사용된 말씀은 마태복음 11장 2~10절이다. 그리고 네 번째 대강절 설교 본문은 14회 이상 사용된 요한복음 1장 19~28절이다. 이 설교들은 그리스도에 대한 실족의 문제와 하나님의 손가락으로서의 역할을 맡은 세례 요한에 대한 주제를 다루고 있다.

"누구든지 나로 말미암아 실족하지 아니하는 자는 복이 있도다."라는 말씀에서 루터는 유대인들이 가난한 자, 절름발이, 맹인들 가운데 자신의 왕국을 건설하시는 그리스도로 인해 실족한다는 사실을 지적한다. 세례 요한은 자기 의를 세우고자 하는 영적인 본능을 가진 사람들을 실족케 하시는 주님을 가리키며 설교했다. 그는 "세상은 그리스도께서 그렇게 가난하고 비참하다는 사실에 실족한다."고 강조한다.

루터는 세례 요한의 임무를 네 번째 대강절 설교에서 '하나님의 손가락'이라고 전했다. 그렇기 때문에 세례 요한이 증언하고 가리키는 입과 손가락을 주목해야 하며, 우리의 눈을 닫아 구원자이신 예수 그리스도를 잃는 일이 없도록 해야 한다고 강조한다. 오늘날까지도 요한은 끊임없이 신실하게 그리스도를 가리키고 우리를 그에게 인도하여 구원받도록 한다. 이러한 세례 요한에 대해 루터는 그를 율법에 대한 위대한 설교자이면서 동시에 복음의 위대한 설교자로 보았고, 그를 가리켜 '복음의 이미지, 모습, 개척자, 또한 설교자'라고 불렀다. 무엇보다도 세례 요한은 세상의 죄를 지고 가는 하나님의 어린 양을 지시하였고, 하나님의 어린 양에 대한 그의 선포는 바로 성탄절 설교를 위한 디딤돌이 되었다.

3. 루터의 성탄절 설교

　루터가 성탄절 설교에서 사용한 본문은 마태복음 1장 18절 이하, 누가복음 1장 26절 이하, 누가복음 2장 1절 이하 등이다. 이 말씀은 25회 이상 성탄절 설교에 사용되었다. 11회 이상 사용된 본문은 누가복음 2장 8(9)절 이하이며, 그 외에 누가복음 2장 13절 이하, 요한복음 1장 14절 이하 등이 설교 본문으로 사용되었다.[2)]

　루터는 1538년 성탄절 설교를 다음과 같이 시작했다. "여러분은 오늘 밤에 이루어진 역사, 위로를 주는 즐거운 이야기를 들었습니다. 하늘에 있는 천사가 기쁨이 충만하여 말하고 전합니다. 그것은 천사들과 관련된 것이 아니라 우리와 관련된 것이고, 우리에게 (우리를 위해) 일어난 것입니다. '너희에게 전한다.'라고 천사가 설교하는 것처럼, 그것은 천사를 위해 일어난 것이 아닙니다. 구세주는 천사를 위로하고 구원하기 위해 태어난 것이 아닙니다. 천사들은 이미 복되되, 처음부터 복된 자들이었습니다. 그러므로 그것은 천사들이 아니라 우리에게 해당되는 것입니다." 여기서 루터는 '우리를 위한 그리스도'(Christus pro nobis)를

---

2) 이 외에도 루터는 성탄절에 이사야 9장에 대한 설교를 종종 하였다. 권진호, 『루터에게 설교를 맡겨라』, pp.29-38 참조.

강조하고 있다.

1522년 루터는 성탄절 설교집(포스틸)에서 만삭이 된 마리아와 요셉이 베들레헴으로 힘들게 여행하는 것에 대해 감정을 이입하여 다음과 같이 설교하였다. "그것은 정말 먼 여행이었습니다. 요셉은 매우 영리하여 만삭된 아내를 위해 나귀를 준비했습니다. 마리아는 20~30마일의 먼 길을 떠나야 했고, 먼 곳에 있는 도시를 여행해야만 했습니다." 1525년 성탄절에 루터가 관심을 가진 설교 주제는 왜 가련한 목수의 젊은 아내를 돕는 사람이 하나도 없었는가 하는 것이었다. 곧 출산해야 하는 젊은 여인을 어느 누구도 불쌍하게 여기지 않았음을 루터는 설교를 듣는 회중에게 오싹할 정도로 주목시켰다. "어느 누구도 그녀를 도와주지 않았습니다. 그녀는 낯선 장소로 인도되었습니다. 그곳에는 야간 근무자가 필요로 하는 최소한의 빛도, 불도 없었습니다. 어두운 한밤중에 마리아는 혼자였고, 일반적으로 모든 산모에게 당연히 행해져야 하는 배려 내지는 조치가 그녀에게는 없었으며, 어느 누구도 그녀를 돕지 않았습니다."

1525년에 결혼하여 곧 아버지가 될 루터에게 이 대목은 그의 관심을 끌었다. 마리아가 새로 태어난 아기를 위해 준비한 포대기는 무엇이었을까, 그녀는 자신의 면사포 한 조각이나 옷의 한 부분을 취했을까, 등등 말이다. 위급한 경우, 신분의 구별 없이 자기 자신을 돌보지 않고 어려움 가운데 있는 사람을 돕는 것은 덕에 속한다. 그런데 이러한 덕을 베푸는 자가 마리아 주변에는 없었다. 이것을 깨닫고 종교개혁자 루터는 자신의 동료 시민에게 이러한 덕을 기대했을 뿐만 아니라 스스로 모범을 보였다. 루터는 자신이 주도하여 비텐베르크에서뿐만 아니라 여러 지역에서 공동금고, 병원 등의 시설과 다른 사회적 제도들이 갖추어지도록 심혈을 기울였다. 또한 루터와 그의 아내는 실제로 어려움에 처하여 도움을 청하는 모든 사람을 도와주었다.

중요 절기의 예배에서는, 공동금고를 마련하고 도시의 가난한 자들을 돌보기 위한 헌금을 모으는 데 특별한 관심을 기울였다. 루터는 1520년 성탄절 설교에서 가난한 자들을 위한 도움이 왜 신앙과 관련 있는지를 선포했다. "우리가 믿는 바에 따르면, 하나님은 사랑이심으로 우리는 하나가 됩니다. 우리의 이웃은 믿음 가운데 우리의 사랑을 기다립니다. 우리는 또한 그 이웃을 사랑하고, 그들이 우리에게 바라고 기다리는 것을 헛되게 해서는 안 됩니다. 우리는 서로 하나입니다. 그리스도는 우리를 돕고 우리는 이웃을 도와 모두 충분하게 채워져야 합니다." 이에 대한 시민들의 반응은 예상 외였다. 심지어 유언을 통해서도 어려운 사람을 도울 준비를 하기도 했다. 실례로 고타(Gotha) 출신의 크라나흐(Barbara Cranach)는 아마(亞麻)로 된 내의를 위해 50굴덴(Gulden : 금화, 은화의 명칭)을 기부하였고, 이것은 성탄절에 고향 도시에서 어려움을 겪는 환자들에게 전해졌다.

종교개혁자 루터는 성탄절 설교를 통하여 공동체에게 성탄절의 내용은 바로 구원자라는 사실을 반복하여 직시하도록 하였다.

우리의 신학이란 천사가 말하고자 한 것을 이해하는 것입니다. 이에 관하여 우리는 설교합니다. 마리아가 아기를 낳았고, 하늘 아버지는 아들이 있었습니다. 그런데 그 아들이 구유와 처녀의 무릎에 놓여 있다는 것입니다. 이것이 천사의 말입니다. 그렇다면 왜 하나님이 그렇게 행하셨습니까? 마리아는 어머니가 해야 하듯이 어린 아기를 보호하고 젖을 먹여 키웠습니다. 그러므로 이성은 하나님이 이 모든 일을 행하신 이유는 우리가 마리아를 우상으로 만들고 마리아를 숭배하도록 하기 위해라고 말합니다. … 하지만 성서는 마리아를 숭배하라고 말하지 않습니다. 왜냐하면 천사가 다음과 같이 말하고 있기 때문입니다. "나는 너희에게 기쁨을 전한다. 너희를 위해 그가 태어났다!" 따라서 아기와 아기의 출생을 받아들이되, 가능한 한 그의 어머니는 잊어버려야 합니다. 비록 그녀를 잊어버릴 수 없을지라도 말입니다. 출생이 있는 곳에는 아기의 어머니도 있어야 합니다. 그럼에도 우리는 어머니를 믿는 것이 아니라, 아기가 태어났음을 믿어야 합니다.

1530년 루터는 성탄절의 역사와 이야기를, 하나님께서 인간에게 호의를 품고 계시다는 사실에 대한 증명으로 보았다. 또한 천사가 말한 것처럼 이 아기가 우리 모두를 위해 태어났다는 사실을 믿는다면, 우리는 어머니 마리아를 사랑해야 하지만 더욱더 그 아기와 함께 아버지 하나님을 사랑해야 한다는 것이다. 그 믿음 안에서 하나님은 더 이상 위협하고 진노하시는 하나님이 아니라 인간을 사랑하시는 하나님이 되신다. 우리 마음 안에 하나님의 기쁨이 충만하게 되어 마음속에 자리 잡은 두려움은 사라지게 된다.

루터는 1529년 성탄절에, 즐겁고 기쁜 소식을 맨 처음 접한 자들은 부자나 제후 혹은 왕이 아니라 비천한 목자들이었다는 사실에 주목하여 "오늘날 가장 큰 문제는 어느 누구도 이러한 목자들의 신앙과 삶을 뒤따르지 않는다는 것"이라고 단언하였다. 다시 말해 루터의 눈으로 보았을 때, 예수님을 맞이한 가난한 목자들처럼 자신의 삶에 만족하고 최선을 다하며 순수하게 하나님을 사모하며 기다리는 사람들이 그가 활동하던 16세기에는 거의 없었다는 것이다. 루터는 자신의 운명에 만족하지 못하게 하는 것이 사탄의 간계라고 간주하고 "자신의 상황에 만족하는 사람이 있는지 말해보라."고 요구하였다. 루터는 어느 누구도 자신에게 주어진 것에 기뻐하지 않고, 어느 누구도 자신의 과제를 열심과 기쁨으로 성취하려고 하지 않는다고 비판한다. 특히 모든 시의회 의원은 현재 자신의 직무에 만족하지 않고, 지금보다 더 나은 위치에 서기를 원한다는 것이다. 루터는 시의회 의원이나 재판관에게 자신의 직무를 기꺼이 수행해야 한다고 요구한다. 마찬가지로 결혼한 남자, 왕, 주인은 자신의 가족을 열심히 부양하는 것이 마땅하다고 가르친다. 또한 목자들처럼 자신의 현재 삶에 만족하며 최선을 다하는 것이 복된 것임을 힘주어 말한다.

> 곳곳에서 사람들은 "내가 지금의 나와 달랐으면!" 하고 말합니다. 그러나 복음은 당신이 가질 수 있는 최상의 상태는 당신의 현재라고 말합니다. 여기에, 선택된 자들이며 맨 처음으로 구원자의 출생을 전해 들은 가련한 사람들인 목자들이 인용됩니다. 많은 사람들은 생각하기를, 그들은 단지 보잘것없는 사람에 불과하며 어떤 신분이나 직업도 갖고 있지 않다고 합니다. 그러나 신분이 없는 사람은 아무도 없습니다. 우리는 늑대들 사이가 아니라 사람들 가운데서 생활합니다. 그러므로 우리는 열심히 살아야 하고, 이웃을 섬겨야 하고, 이웃의 재물과 명예에 해를 주어서는 안 됩니다.

루터는 그 시대 가장 비천한 수준에서 살아야 했지만 하나님에 의해 영예로운 경험을 하게 된 목자들의 비천함에 관심을 갖고 그들에 관해 자주 반복해서 설교했다. 심지어 1538년 12월 25일 그의 성탄절 오후 설교는 '목자 설교'로까지 불릴 정도로 그는 목자들에게 관심을 가졌다. 여기서 신학자 루터는 엄숙하게 다음과 같이 단언한다. "아무 걱정도 없고, 죄와 죽음과 불행에 대해 아무 느낌도 없는 자들을 위해서는 어떤 가르침도 필요 없습니다. 이들은 하나님을 주의하지 않는, 마치 거친 황소와 같습니다." 그러나 목자들은 매일의 양식을 위해 걱정해야 하지만 하나님께서 그들에게 현재의 신분을 부여하셨음을 알고 있었다고 루터는 설교한다. 하나님의 아들에 관한 목자들의 믿음이 결국 그들에게 변치 않는 확고함과 세상이 줄 수 없는 평안과 기쁨을 가져다주었던 것이다.

4. 마지막으로 :
기쁨으로 가득한 대강절, 성탄절 설교

　루터의 대강절 및 성탄절 설교는, 우리에게 구원과 의를 선사하시기 위해서 예언되고 인간의 몸으로 오시고 영적으로 지배하시는 그리스도에 관한 기쁨으로 가득한 소식을 즐거운 마음으로 듣고 믿도록 초청하는 데 핵심이 있다. 그러나 이 왕으로부터 이러한 기쁨을 제대로 맛볼 수 있는 자는 슬픔에 잠긴 자뿐이요, 이러한 자유를 소망하고 환영하는 자는 갇힌 자일 뿐이고, 의와 생명을 받을 수 있는 자는 죄가 있고 죽음이 임박한 자일 뿐이다. 그러므로 기쁜 소식은 인간적인 해결책과 행위들이 지닌 전적인 불완전과 불행을 밝혀주는 것이다. 루터는 잘 알려진 성탄절 복음서에서 왕으로서의 그리스도의 모습과 그리스도께서 이 땅에 오심이 유대인들뿐만 아니라 모든 세상에 주게 될 실족함과 실망감을 강조하면서, 공동체로 하여금 오직 믿음에 바르게 서도록 설교하였다. 즉, 공동체는 말씀이 자신에게 말씀하시는 것을 영적인 눈으로 바라보고, 영적인 귀로 들어야 한다는 것이다.

　만일 그리스도의 오심이 인간의 소원대로 이루어졌다면, 그 그리스도는 유대인이 기다리던 메시아의 형태로 왔어야 했다. 또한 그는 이 땅에서의 소유와 권세와 욕구에 대한 우리의 바람을 만족시켜야 했다.

그는 세상 왕의 화려함을 갖고 이 세상 삶의 물질과 명예와 힘으로 우리를 행복하게 했어야 했다. 그런데 그리스도는 그것 대신에 아주 가난하고 비천한 자로 오셨다. 그가 예루살렘에 나귀를 타고 입성하신 것처럼, 그는 이미 세상에 오실 때에도 세상이 어떤 장소도, 어떤 명예도 허락하지 않은 가난한 손님이었다. 그의 지배권은 세상 왕의 지배와는 전혀 다른 것이었다. 그 지배는 세상의 눈에 감추어졌고 비천한 것이었지만, 그 가운데에서도 얼마나 강력하였는가! 그는 자신의 백성으로 하여금 자신을 어깨 위에 지게 한 것이 아니라, 왕이신 그가 스스로 자신의 백성을 어깨에 지셨다. 즉, 그가 스스로 자신의 교회를 어깨에 지신 것이다. 그는 요구하는 분이 아니라 베푸시는 분이다.

그리스도는 요구하러 오신 것이 아니라 선물을 주러 오셨다. 그는 우리에게 죄의 용서함을 제공하시고, 우리에게 없는 의를 선물로 주신다.

루터는 조건 없는 하나님의 사랑을, 설교를 듣는 자들에게 깨닫게 하고자 늘 새롭게 시도한다. 하나님의 조건 없는 사랑은, 하나님 앞에서 아무리 경건한 사람이라도 그에게 제기될 수 있는 어떤 소송도 취하하게 만든다. 그리스도는 하나님과 화해된 양심을 갖게 한다. 여기서 중요한 것은 이것이 어떻게 우리를 위해 일어난 것인가를 이해하는 데 있다. 우리가 성탄절의 기쁜 소식을 단지 멀리 떨어진 과거의 기이하고 놀라운 사건으로 바라보는 한, 그것은 우리에게 어떤 도움도 되지 않는다. 여기에서 정직한 마음은 망설이게 된다. 이것을 루터는 자신의 힘든 경험을 통해 깨달았다. 세상은 가련한 왕의 통치로 흔들리고 실족하는 반면, 의에 굶주리고 진지하고 슬픔에 빠진 인간은 자기 자신의 죄된 상태에 실족한다. 그가 유일하게 기다릴 수 있는 것은, 자기 자신의 잘못된 존재를 심판하는 그리스도의 나타나심이다. 루터에 따르면, 그러한 영적인 시련은 아주 정상적인 것이다. 들판에 있던 목자들 역시 예수의 나심에 대한 소식을 듣고 엄청나게 놀랐다. 그리스도의 의와 우리의 불의함, 그리스도의 생명과 우리의 죽음이 우리 마음에서 충돌하게 되면, 우리는 커다란 충격에 사로잡히게 된다. 이제 믿음 역시 이러한 마지막 감추임을 통하여 나타나야 하고, 이 사실에 놀란 자들이 그리스도의 나라에 속해 있다는 사실을 인식해야 한다. 또한 그리스도와 그의 나라의 목표는 놀라게 하고 심판하고 죽이는 것이 아니라, 위로하고 용서하는 것이요 살게 하는 것임을 깨달아야 한다.

이것이야말로 그 무엇으로도 표현할 수 없는 커다란 기쁨의 이유인 것이다. 그리스도는 우리를 위해 태어나신 아들이다. 그는 우리를 섬기시는 분이다. 그는 우리를 짊어지신다. 그는 우리 모두에게 전적으로 없는 것, 바로 영생과 의를 가져다주신다. 만일 우리가 오직 믿음으로 이 위대한 '우리를 위하여'라는 사실을 붙잡는다면, 사탄의 마지막 간계와 시련은 이미 부서진 것이나 다름없다. 사탄은 그리스도가 단지 부자와 의인들을 위해서만 오셨다고 설득한다. 그러나 결코 아니다. 구원자이신 그리스도를 영접하기 위하여 우리가 자유로워져야 하는 것이 아니라 우리가 그를 받아들이면 그가 우리를 자유케 하신다. 구원자를 환영하기 위해서 우리가 스스로 의(義)로 장식해야 하는 것이 아니라, 우리가 그를 환영하면 그가 자신의 의로써 우리를 장식하여주신다. 그의 말씀을 듣기 위하여 우리가 즐거운 기분 가운데 있어야만 하는 것이 아니라, 우리가 그 말씀을 들으면 그 말씀이 우리를 기쁘게 만든다. 이것이 루터가 말하는 대강절, 성탄절의 복음이다. 그리스도가 이 땅에 비천한 모습으로 오신 것은 우리를 불쌍히 여기시고 구원하시기 위해서다. 그리스도가 이 모든 것을 행하신 것은 그의 큰 사랑을 보여주시기 위함이다. 그러므로 대강절과 성탄절에 모든 기독교인은 기뻐하고 영원히 그리스도에게 감사해야 한다. 할렐루야!

루카스 크라나흐의 '율법과 은혜'

16세기 루터가 활동할 당시 많은 사람들이 글을 읽을 수 없었기 때문에, 사람들은 마틴 루터의 복음적인 가르침을 널리 전하기 위하여 그림을 사용하였다. 그 가운데 화가 크라나흐(Lukas Cranach)의 '율법과 은혜'라는 그림이 가장 대표적이다.

여기서 왼쪽 그림은 율법을, 오른쪽 그림은 복음을 성서적으로 묘사하고 있다. 그림 중앙에 나무가 서 있는데, 그 나무의 왼쪽 가지는 잎사귀 없이 앙상함을 드러내고, 오른쪽 가지의 잎은 무성하다.

● 왼쪽 – 율법

인간이 도망가고 있다.

죽음이 인간을 불구덩이(지옥)로 쫓고 있다.

불구덩이에서 마귀가 인간을 기다리고 있다.

인간 오른쪽에는 모세와 선지자들이 있다.

이들은 인간을 돕기는커녕 오히려 율법을 가리키며 인간의 잘못을 지적하고 있다.

인간 뒤에는 아담과 하와와 뱀이 있다.

이들은 인간의 죄를 보여주고 있다.

그 위에는 구름으로 둘러싸여 세상과 분리된 그리스도가 있다. 그는 칼과 백합을 가지고 앉아계신다.

여기서 그리스도는 의인에게는 상을, 죄인에게는 벌을 주시는 재판관이시다.

그리스도에게 마리아와 요한이 기도하고 있다.

● 오른쪽 – 은혜

인간이 그리스도에게 기도하며 바라보고 있다.

세례 요한이 십자가를 가리킨다.

십자가 밑에 무덤에서 나오신 부활하신 그리스도가 계신다.

그리스도가 죽음과 마귀를 창으로 찔러 죽이신다.

그리스도의 표시는 양이다.

그리스도의 피가 기도하는 인간에게 뿌려진다.

그 사이에 성령에 대한 표시로 비둘기가 있다.

이것의 의미는 다음과 같다: 그리스도는 우리를 위해 희생하셨다. 그의 피는 과거에 희생제물의 역할처럼 우리의 죗값을 치르기 위해 뿌려졌다.

그 배후에는 이스라엘 백성이 뱀에 물렸을 때, 놋뱀을 만들어 그것을 보는 자마다 다 나음을 입었다는 구약의 역사 이야기가 펼쳐져 있다.

신약의 이야기도 있다. 천사가 목자들에게 하나님의 아들이 태어났다는 소식을 전한다. 산 위에 마리아가 서 있고, 그녀에게 하나님의 영이 비둘기의 형태로 임하고 있다.

루카스 크라나흐의 다른 그림

II. 루터의 대강절 설교

1. 대강절 첫째 주 설교

(1532년 대강절 첫째 주일에 루터의 집에서 행한 설교)

마태복음 21:1~9

그들이 예루살렘에 가까이 가서 감람 산 벳바게에 이르렀을 때에 예수께서 두 제자를 보내시며 이르시되 너희는 맞은편 마을로 가라 그리하면 곧 매인 나귀와 나귀 새끼가 함께 있는 것을 보리니 풀어 내게로 끌고 오라 만일 누가 무슨 말을 하거든 주가 쓰시겠다 하라 그리하면 즉시 보내리라 하시니 이는 선지자를 통하여 하신 말씀을 이루려 하심이라 일렀으되 시온 딸에게 이르기를 네 왕이 네게 임하나니 그는 겸손하여 나귀, 곧 멍에 메는 짐승의 새끼를 탔도다 하라 하였느니라 제자들이 가서 예수께서 명하신 대로 하여 나귀와 나귀 새끼를 끌고 와서 자기들의 겉옷을 그 위에 얹으매 예수께서 그 위에 타시니 무리의 대다수는 그들의 겉옷을 길에 펴고 다른 이들은 나뭇가지를 베어 길에 펴고 앞에서 가고 뒤에서 따르는 무리가 소리 높여 이르되 호산나 다윗의 자손이여 찬송하리로다 주의 이름으로 오시는 이여 가장 높은 곳에서 호산나 하더라.

들어가는 말

이 복음서는 두 가지 사실을 포함하고 있습니다. 첫 번째 부분은 주님이신 그리스도의 (예루살렘) 입성에 관한 것으로, 그리스도가 예루살렘을 향하여 나귀를 타고 들어가시는 내용입니다. 다른 부분은 누가가 쓴 것처럼 주님이 예루살렘에 가까이 다가와 그 도시를 보고 우셨다는 말씀입니다(눅 19:41~44).

그리스도인이라 불리는 이유

우선 첫 번째 부분에 관하여 말씀드리고자 합니다. 여러분이 종종 들으신 것처럼 저와 여러분이 그리스도인이라 불리는 것은 아버지와 어머니로부터 태어나서도 아니고, 요한, 베드로, 바울로 불리기 때문도 아닙니다. 다만 그리스도께서 그의 이름을 여러분의 이마와 심장에 쓰셨기 때문입니다. 왜냐하면 세례를 통하여 우리는 죽었으며, 그때 우리에게 다음과 같이 말해졌기 때문입니다. "지금까지 아담의 자손이었으며 한스, 베드로, 바울이라 불리는 인간아, 너는 이제 더 이상 단지 인간이 아니라 그리스도인이라 불려야 한다."

인간으로 불린다는 것은 육체로부터 태어났다는 말입니다. 그러나 그리스도인이라 불리는 것은 세례를 통하여 그리스도의 피로 인하여 죄가 씻겨졌다는 말입니다. 이런 사람이 그리스도인이라 불립니다. 만일 누군가 당신에게 "어떻게 당신은 새로운 이름인 그리스도인이라고 불립니까? 당신은 또한 한스, 베드로, 바울이라고도 불립니까?"라고 묻는다면, 당신은 다음과 같이 대답할 수 있습니다. "예, 나는 아버지로부터 한스, 베드로라고 불렸으나, 나는 그리스도인이며 또한 그렇게 불려야 합니다. 왜냐하면 나는 그리스도의 피로 세례를 받고 죄 씻음을 받았기 때문입니다. 나는 그리스도로부터 그리스도인으로 불립니다. 그는 그리스도요, 나는 그리스도인이라고 불립니다. 이것은 나의 거룩한 삶 때문이 아니라 내가 세례를 통하여 그리스도에게 다가갔고, 그리스도가 그의 이름을 내 이마에 쓰시고 내 마음에 각인시켰기 때문입니다."

그리스도인의 특권

이 복음이 원하는 것은, 우리를 그리스도인이라는 이름으로 불리게 한 그 왕을 받아들이는 일입니다. 우리가 죽음에 다다르게 되면 요한, 베드로, 바울은 죽지만, 그리스도인은 죽지 않기 때문입니다. 제가 알기로 요한, 베드로, 바울은 무덤에 묻히지만, 그리스도인은 죽지 않으며 또한 묻히지 않고 살게 됩니다. 그러므로 베드로와 바울인 내가 죽는 것이 중요한 것이 아닙니다. 나는 그리스도인이기 때문에, 다시 무덤에서 나오게 됩니다. 이것을 통해 우리는 이 왕에 의해 죄와 죽음과 지옥으로부터의 구속을 얻게 된다는 사실을 믿는 법을 배워야 합니다. 이러한 사실은 복음서 저자가 선지자 스가랴의 말을 인용하여 말한 것에도 나타나 있습니다(9:9). "보라, 네 왕이 네게 임하나니, 그는 공의로우시며 구원을 베풀며 겸손하였도다." 즉, "그는 의로 가득 차 있으며 네게 와서 너를 경건하게 만드신다. 생명으로 가득한 그가 네게 와서 생명을 선사하신다. 그분은 그리스도이며, 그래서 우리는 그리스도인이라 불린다."는 의미입니다.

이것은 우리가 죽을 때 신뢰할 만한 위로를 얻게 하는 설교입니다.

이 값진 설교를 즐겨 듣고 하나님께 감사하게 되면 우리는 "나 한스, 바울, 베드로는 여기에 누워 있고 아프지만, 나는 그리스도인이기 때문에 내 이름을 갖게 하신 그리스도를 향하여 죽고 그가 있는 곳에 머물고자 합니다."라고 말할 수 있습니다. 그래서 한스, 바울, 베드로는 지옥으로 가지도, 죽음에 머무르지도 않고 그리스도의 품으로 달려가며 살게 됩니다.

선한 행위, 하지만!

이것은 선한 행위들에 관하여 가르치는 것과는 다른 설교입니다. 한스, 바울, 베드로가 선한 행위를 해야 한다는 사실은 명백히 참된 것이지만, 이 설교는 그 이상의 의미를 갖고 있습니다. 만약 당신, 한스, 니켈, 바울, 베드로가 경건하고 선한 행위를 한다면 당신은 아직 더 많은 것, 즉 당신이 그리스도인이라는 것과 다음 사실을 마음으로 말해야 합니다. 즉 "나는 예수 그리스도를 믿는다. 이 왕은 내게 매우 온유하며 은혜롭게 오셔서 나를 죄와 죽음과 사탄과 지옥으로부터 도우신다. 그분에 근거하여 나는 세례 받았고, 나는 그분을 믿으며 그 곁에 머무르며 죽는다." 그렇게 사람들은 죽음으로부터 달아나며 영원한 생명으로 가게 됩니다.

그리스도의 오심은

이것이 선지자 스가랴, 그리고 복음서 저자가 선지자의 글을 인용하여 전하는 첫 번째 부분입니다. "시온의 딸에게 이르기를 네 왕이 네게 임하나니 그는 공의로우시며 구원을 베풀며 겸손하였도다." 이것에서 우리는 이 왕은 사람을 재판하고 지옥으로 보내기 위해 오신 것이 아니라는 사실을 알 수 있습니다. 모세는 고소하고 재판하기 위해 왔습니다(요 5:45). 사탄 역시 고소하고 재판하고 죽이기 위해서 온 것입니다. 재판관, 왕, 그리고 황제가 온 것 역시 재판하고 죽이기 위해서입니다. 왜냐하면 그것이 세상 당국의 직무이며, 하나님이 그들에게 명하신 것이기 때문입니다. 그러나 이 왕이 오신 것은 심판하시기 위해서가 아니라 도우시고 죄로부터 구원하고 죄를 용서하고 사하시기 위해서입니다. 그래서 우리는 그를 깨달아 알아야 합니다. 우리는 그러한 왕으로부터 부름을 받았습니다. 하나님께서 우리가 그분을 받아들이고 그와 함께 머물도록 해주시기를 빕니다. 아멘.

예루살렘을 보고 우시는 주님!

다른 두 번째 부분은 누가가 말하는 것, 즉 그리스도가 도시 예루살렘에 관하여 우셨다는 것입니다. 앞서 가고 뒤따라가는 민중은 그를 부르며 외칩니다. "호산나 다윗의 자손이여, 하나님을 찬양하나이다. 왕이 계시니 이젠 곤경이 없나이다." 그러나 주님은 몸을 일으켜 도시를 바라보고 우십니다. 그는 "너도 오늘 평화에 관한 일을 알았더라면 좋을 뻔하였다."라고 말씀하십니다(눅 19:42). 그는 이러한 설교에 주의를 기울이지 않는 자들로 인하여 우십니다. 그는 당연히 노하셔야 했고 천둥과 번개로 치셔야 했습니다. 그는 또한 도시를 그 공로에 따라 심판하실 수 있었습니다. 그러나 그는 도시가 그렇게 완고하고 그 재앙의 시기를 받아들이려 하지 않는 사실에 우시며 다음과 같이 말씀하십니다. "사람들이 너 예루살렘을 둘러 사면으로 가두고 젊은 자들과 나이 든 모든 자들을 죽이고 혹독하게 대할 것이다"(눅 19:43~44).

이것을 예수님은 예루살렘 앞에서 슬픈 마음으로 말씀하시고 그것에 대한 이유를 말씀하십니다. "그러한 것이 네게 생기되, '너는 권고받는 날을 알지 못하였다.'"(눅 19:44). 그가 말하고자 원했던 것은 이것입니다. "나는 너를 자비로 찾아가 네게 도움과 위로를 가져다주며, 너를 죄와 죽음으로부터 구속하고, 또한 네게 영생을 주고자 한다. 이것을 나는 순전히 선함과 자비로 행하는 것이지, 어떤 의무나 책임으로 하는 것이 아니다. 이와 달리 너는 사탄으로 가득 차 나로부터 주어진 선함과 은혜를 받지 않으려 할 뿐만 아니라, 나의 것을 조롱하고자 한다. 그것 때문에 너는 심한 보복을 당할 것이다."

복음이 묘사한 왕 그리스도

오늘날에도 똑같이 전파되는 복음을 충분히 듣습니다. 그리스도는 바로 복음이 묘사하고 있는 왕입니다. 그러나 시민들, 농민들, 귀족들, 제후들과 이 세상의 위대한 지배자들은 복음을 박해합니다. 그것으로 무엇을 하고자 합니까? 그리스도는 그들을 은혜롭게 방문하고 그들에게 선물을 가까이 가져다주십니다. 그러나 그들은 그를 때려죽입니다.

어떤 사람이 집 앞에 금과 은을 가져와 "이것 모두 당신 것이요, 손을 펴서 이것을 받으시오."라고 말하는데 집주인이 가져온 모든 것을 밀쳐내고 그 사람을 때려서 죽인다면, 이보다 더한 어리석은 짓이 어디 있겠습니까? 이것을 보는 모든 사람은 다음과 같이 말할 것입니다. "이 사람은 미쳤다. 그것은 분명한 사실이다." 하지만 여기에 굴덴으로 가득한 주머니가 아니라 다른 보물이 있습니다. 즉, 당신이 더 이상 살 수 없게 되어 죽어야 할 때에, 그리스도가 당신보다 앞서 가시며 당신에게 도움을 주시되, 당신이 영원한 생명을 가지도록 하십니다. 그런데 당신에게 그러한 보물을 제공한 그가 당신에 의해 밀쳐지고 업신여김을 받게 됩니다. 이것을 그는 한탄하고 계시는 것입니다.

그러므로 우리는 주의를 기울여야 합니다. 이 왕이 말을 타고 오신다는 것은, 그는 은혜와 자비가 풍성하며 그가 가져다주시는 선물은 위안이라는 의미입니다. 그러나 만일 그가 업신여김과 박해를 받고 사람들이 믿고자 하지 않는다면, 그는 우실 것입니다. 그래서 나는 종종 이렇게 말했습니다. "독일은 천벌을 받아야 하고, 고향이 어딘지를 아무도 모를 정도로 피 흘림이 있게 될 것이다." 그런 다음 이 왕은 당신에게 말할 것입니다. "나는 너의 집 앞에 왔고 너에게 영원한 생명을 제공했지만, 너는 그사이에 떠나갔고 네가 원하는 것을 완전히 퍼마시고 행했으며, 게다가 나의 복음을 박해했다. 그래서 이러한 불행 또한 대가로 가지게 되리라!"

예루살렘에 대한 하나님의 심판

예루살렘에도 이 같은 일이 똑같이 일어났습니다. 그리스도가 그곳에 가서 "사랑하는 딸아, 문을 열어라, 여기 너의 왕이 오신다."라고 말씀하셨을 때, 그녀는 무엇을 행했습니까? 신부는 그곳으로 가서 그녀의 왕을 교수형에 처했습니다. 그래서 그 왕 역시 그녀에게 똑같이 행하셔서 예루살렘이 어디에 머물렀는지 어느 누구도 알지 못할 정도가 되었습니다. 그러므로 "주님이 가까이 계시기 때문에 시간이 급하다는 사실을 떠올려라!" 이것은 "너희는 여호와를 만날 만한 때에 찾으라 가까이 계실 때에 그를 부르라."라고 이사야 선지자가 말한 것과 같습니다(사 55:6). 만일 그가 문을 닫을 때 우리가 그것을 경시하게 된다면, 더 이상 어떤 일도, 어떤 해결책도 없게 될 것입니다. 열 처녀의 비유를 보면, 문이 닫혔을 때 처녀들이 와 "주여, 우리에게 문을 열어 주소서."라고 말하자, 주님은 "참으로 내가 너희에게 말하노니 너희를 알지 못한다."(마 25:11~12)라고 말씀하셨습니다. 그는 다시금 우리에게 외치실 것이며, 어리석은 처녀들처럼 헛되이 문을 두드리게 내버려두실 것입니다.

그러므로 저는 말합니다. 조심하십시오! 여러분은 젊습니다. 여러분은 아마도 미래에 독일의 불행을 경험하고 보게 될 것입니다. 독일에 비바람이 몰아칠 것이며 멈추지 않을 것입니다. 사실 하나님께서는 도시 예루살렘에 그렇게 행하실 수 없었습니다. 다윗과 모든 선지자들과 많은 성인들이 그곳에 살았고 묻혀 있기 때문이며, 하나님 자신도 머무셨기 때문입니다. 예루살렘은 하나님의 작은 성이며, 작은 방이고, 이에 관하여 스스로도 말씀합니다. "여기에 나는 거한다. 나의 하늘은 여기이다." 그럼에도 하나님은 시련의 때를 염두에 두지 않은 죄 때문에 이 도시를 혐오스럽게 처벌하고 황폐하게 만드셨습니다.

하나님의 말씀을 업신여기지 말라!

이것이 시련의 시기를 염두에 두지 않는 죄에 대한 하나님의 처벌입니다. 농부들, 시민들에게 귀족과 다른 사람들이 인색하게 대하는 것은 커다란 죄입니다. 이런 죄뿐만 아니라 하나님의 말씀을 업신여기는 것은, 마치 목이 부러지는 것과 다름없는 파멸로 그들을 인도하게 될 것입니다. 만일 이러한 끔찍한 죄, 즉 재앙이 되는 경멸을 하지 않았다면, 유대 민족이 지은 모든 죄들이 그들에게 그렇게 해가 되지는 않았을 것입니다. 왜냐하면 그리스도, 그들의 왕은 그들을 도우러 오셨기 때문입니다. 그러나 만일 사람이 경건해지지 않으려 하고 하나님의 말씀을 경멸한다면 해결책은 없습니다. 그러므로 여러분은 주의하십시오! 우리가 오직 이러한 영원하고 지독한 죄에 빠져, 우리 주님께서 우리를 포기하는 일이 없도록 해야 합니다. 바로 이것 때문에 주님은 여기서 스스로 우신 것입니다.

그러므로 하나님의 말씀을 기뻐하고, 하나님 말씀을 즐겨 듣고 읽고 말하시기 바랍니다. 그러면 하나님께서 여러분을 위해 기꺼이 도와주실 것이고, 여러분에게 최고의 유익을 주실 것입니다. 세상이 그것을 무시한다고 화내지 마십시오. 세상은 자신이 한 것에 대한 결과를 장차 언젠가 경험하고 느끼게 될 것입니다.

우리를 축복하러 오시는 그리스도를 죽이는 죄

오늘 복음은 두 가지 사실을 포함합니다. 첫째 그리스도는 삶에 대한 조력자라는 것과, 둘째 사람들은 하나님의 말씀을 경멸하지 말아야 한다는 것입니다. 그리스도는 도시 예루살렘을 애석하게 여기시며 다음과 같이 말씀하시고자 했습니다. "예루살렘은 억지로 데려감을 당할 것이요, 유대인들은 모든 세계로 흩뜨려질 것이며, 이에 대한 어떤 요청도 도움이 되지 못할 것인데, 내가 이를 보게 될 것이다."

그들은 재앙의 시기를 알기 원하지 않으며, 사람들이 얼마나 달콤하게 그들에게 설교하고 있는지 묻지 않습니다. 조언 받고자 하지 않는 사람에게는 어떤 도움도 줄 수 없습니다. 약한 자일 뿐만 아니라, 또한 그를 인도하는 자들을 발로 밟고자 하는 자를 누가 돕고자 하겠습니까? 우리가 죄인이라는 사실은 너무나 중한 것입니다. 우리를 복되게 만들고 우리를 짊어지기를 원하는 사람의 숨통을 끊기를 여러분도 원합니까?

이것은 인간적인 단순한 죄가 아니라, 간악한 죄입니다. 그러한 사람은 많은 무리들과 더불어 사탄에 사로잡혀 있습니다. 왜냐하면 축복하기 위해 오는 자를 죽이는 것은 사탄과 그리고 사탄으로 가득한 자 외에는 어느 누구도 그런 일을 하지 않을 것이기 때문입니다. 내가 내 아들을 돕는다는 이유로 내 아들이 나를 죽이거나 교살하고자 한다면, 나는 그가 미쳤고 제 정신이 아니라고밖에 말할 수 없습니다.

나가는 말

이제 우리 주님은 자신의 말씀이 존귀하게 되기를 원하십니다. 그렇지 않은 곳은 벌을 받게 될 것입니다. 우리는 노아의 홍수, 도시 소돔과 고모라, 도시 예루살렘과 같은 예들을 충분히 보았습니다. 그리스도가 말씀하신 것처럼, 택함을 받은 자들조차도 오류로 인해 새로이 유혹당하는 일들이 종말 전에 오게 됩니다.

하나님께서 우리를 보호하시고 우리에게 은혜를 주셔서, 우리가 그리스도를 기꺼이 받아들이고 다음과 같이 찬양하는 성도가 되기를 원합니다. 우리가 이 왕을 모시고 있고 그리스도인이며 그리스도인이라 불린다는 사실과 그리고 우리가 왜 무슨 근거로 그렇게 불리는지를 알고 있다는 사실, 다시 말하면 그리스도에 의해서 우리가 그의 이름으로 세례 받고 그의 피로 씻음 받았다는 사실 때문에, 우리는 다음과 같이 찬양합니다.

"호산나, 하나님 찬양을 받으소서!" 이제 우리는 "호산나!" 하고 찬양하고 하나님께 간구하며 이 일에 머물기를 원합니다. 아멘.

2. 대강절 둘째 주 설교

(1534년 대강절 둘째 주일에 루터의 집에서 행한 설교)

누가복음 21:25~36

일월 성신에는 징조가 있겠고 땅에서는 민족들이 바다와 파도의 성난 소리로 인하여 혼란한 중에 곤고하리라 사람들이 세상에 임할 일을 생각하고 무서워하므로 기절하리니 이는 하늘의 권능들이 흔들리겠음이라 그 때에 사람들이 인자가 구름을 타고 능력과 큰 영광으로 오는 것을 보리라 이런 일이 되기를 시작하거든 일어나 머리를 들라 너희 속량이 가까웠느니라 하시더라 이에 비유로 이르시되 무화과나무와 모든 나무를 보라 싹이 나면 너희가 보고 여름이 가까운 줄을 자연히 아나니 이와 같이 너희가 이런 일이 일어나는 것을 보거든 하나님의 나라가 가까이 온 줄을 알라 내가 진실로 너희에게 말하노니 이 세대가 지나가기 전에 모든 일이 다 이루어지리라 천지는 없어지겠으나 내 말은 없어지지 아니하리라 너희는 스스로 조심하라 그렇지 않으면 방탕함과 술취함과 생활의 염려로 마음이 둔하여지고 뜻밖에 그 날이 덫과 같이 너희에게 임하리라 이 날은 온 지구상에 거하는 모든 사람에게 임하리라 이러므로 너희는 장차 올 이 모든 일을 능히 피하고 인자 앞에 서도록 항상 기도하며 깨어 있으라 하시니라.

마지막 심판에 관한 말씀

이 복음서에서 주님은 다가오는 마지막 심판에 관하여 설교하시며 제자들이 어떻게 행해야 할지를 경고하고 가르치셨습니다. 주님은 이 설교를 경건치 않은 자들과 비그리스도인들을 위해서가 아니라, 오직 그의 제자들과 그리스도인들을 위해서 하셨습니다. 그리고 스스로 이 설교를 두 부분으로 나누셨습니다. 첫 번째 부분은 예언으로, 주님께서 마지막 날이 올 때 어떤 일이 있을지를 전하시는 것입니다. 두 번째 부분은 일어날 모든 일로부터 벗어날 수 있고, 인자 앞에 설 수 있기 위해 항시 기도하고 깨어 있어야 한다는 경고의 말씀입니다.

마지막 날(죽음)에 대한 불경건한 자들의 모습

주님이 지금 불경건한 자들 바로 발 앞에 있을지라도, 그들은 주님께 마지막 날에 대해 아무것도 묻지 않습니다. 그러한 완전한 무지함과 고칠 수 없는 나병이 세상 안에 있어, 사람들은 죽어야만 한다는 사실을 알고 있음에도 불구하고 죽음을 두려워하지 않습니다. 어거스틴이 말한 것처럼, 각자의 죽음이 그 마지막 날입니다. 그러므로 사람들이 그렇게 안심해 하면서 죽음이나 마지막 날도 두려워하지 않는다는 것은 끔찍한 일입니다. 이것에 대해 어거스틴은 다음과 같이 말합니다.

"만일 당신이 모든 책을 읽는다면, 지상에서 죽음보다 더 무섭고 소름 끼치는 모습은 없다는 것을 알게 될 것입니다. 사람들은 이 죽음을 확실하게 알고 있습니다. 사람은 죽어야 함에도 불구하고 죽기를 원하지 않는 마음을 가지고 마치 죽지 않을 것 같은 존재로 삽니다."

우연하게 닥친 죽음은 그리 두렵지 않습니다. 목이 잘리거나 익사하거나 사고를 통해, 그리고 갑작스럽게 죽을 때 그런 죽음이 더 두렵습니다. 그러나 더 무서운 죽음은, 자신이 영원히 잃어버림을 당하게 되고 그럼에도 불구하고 이것을 돌이키지 못할 때입니다. 그래서 죽음은 죽음을 두려워하지 않고 죽음에 관해 아무것도 모르는 자들에게는 무서운 것이 아닙니다. 마치 어린아이들과 신앙인들이 죽음을 두려워하지 않을 뿐만 아니라 죽음에 대해 알지도 못하는 것처럼 말입니다. 하지만 불경건한 자들과 비신앙인들이 죽음을 앞에 두고 곧 죽어야만 한다는 사실을 아는 것은 무서운 것일 수밖에 없습니다.

비록 죽음과 죽음을 뒤따라오는 마지막 심판(이것은 불경건한 자들에게만 분명하게 적용됩니다)이 무서운 것일지라도, 불경건한 자들은 그럼에도 불구하고 분명하고도 확실하게 매 순간 기다려야만 하는 죽음을 주목하지 않을 뿐만 아니라 마지막 심판도 무시합니다. 이러한 안전하다는 의식은 더욱 커지고 무거워집니다. 그들이 영원한 죽음 앞에서 어떤 근심이나 두려움 없이 살며 그들의 마시는 것, 먹는 것, 인색함, 다른 죄들과 악습들이 조금도 줄어들지 않는 것이 그것을 증명합니다. 마지막 심판이 그들에게 닥치고 그들이 육과 영혼과 더불어 지옥으로 달려가 영원히 잃어버림을 받을 때까지, 그들의 죄악은 멈추지 않을 것입니다. 그러므로 이제 세상에서 두려운 것은 마시는 것, 먹는 것, 자만하는 것, 돈을 긁어모으는 것, 그리고 다른 악습들이 만연하게 되어 어느 누구도 이 사람들을 더 이상 조절할 수 없다는 사실입니다. 이보다 더욱 두려운 것은 이러한 사람들 가운데서 우리가 함께 살아야 한다는 사실입니다.

죽음을 두려워하지 않는 그리스도인

그러므로 그리스도는 여기서 오직 그리스도인들과 신자들에게 설교하며 이들을 위로하여, 그들이 어떤 종류의 죽음을 맞든 그것을 두려워하지 않도록 하셨습니다. 왜냐하면 그들은 은혜로운 하나님, 즉 그들을 위해 자신의 사랑하는 아들을 주신 하나님을 갖고 있기 때문입니다. 그런데 왜 그들은 두려워했습니까? 만일 당신이 그리스도를 믿는다면 당신의 목이 잘라지거나 익사하거나 다른 방식으로 죽거나, 혹은 마지막 날이 닥치게 될지라도 당신에게 어떤 해도 되지 않습니다. 왜냐하면 당신은 은혜로운 하나님과 신실한 구속주를 갖고 있기 때문입니다. 그런데 왜 당신은 두려워합니까? 하나님은 당신의 친구이고, 그리스도는 당신을 위해 죽으셨습니다.

죽는 것을 감수한 사람들에게 이러한 복음이 설교되었으나 불경건한 자들에게는 설교되지 않았습니다. 왜냐하면 그들이 비록 시대의 징조들을 눈앞에 분명하게 보고 있다고 할지라도 그들은 즉시로 그것에 대해 질문하지 않기 때문입니다. 그러므로 그들로 하여금 교수대로 달려가도록 내버려두기 바랍니다. 그러나 여러분은, 하나님을 믿으며 하나님을 재판장이 아니라 아버지로서 두려워하는 사람들 가운데 있기를 바랍니다. 불경건한 자들이 하나님을 단지 재판장으로 두려워해야만 하는 사실 자체만으로도 만족할만한 일입니다.

마지막 날!

그리스도는 그러한 일이 마지막 날 전에 일어날 것이라고 말씀하십니다. 세상은 구겨지고 끔찍하고 무섭게 될 것입니다. 세상의 눈은 태양입니다. 인간이 죽게 되면 주름이 많아지고 무너지는 것처럼(눈빛이 흐려지고, 입술은 창백해집니다), 세상 역시 깨지면서 끝이 오게 될 때에는 태양이 어두워지고, 지진이 일어나기 시작하고, 사람들은 불안해하게 됩니다. 요약하면, 하늘과 땅은 마치 죽고자 하는 것처럼 행동을 취합니다. 하지만 바다가 요동치고 큰 소리를 내며 마치 이것들이 여러분을 덮치기라도 할 것처럼 몰려온다고 할지라도, 두려워하지 마시기 바랍니다.

　만일 여러분이 이제 그러한 것이 일어나는 것을 보거든(그리스도가 이미 그리스도인들에게 말씀하신 것입니다. 불경건한 자들은 그것에 관하여 아무것도 이해하지 못합니다) 놀라지 마시기 바랍니다. 오히려 즐겁게 바라보고 머리를 하늘을 향해 드시기 바랍니다. 왜냐하면 여러분의 구원이 가까워지고 있다는 사실을 보여주기 때문입니다. 그리고 바로 주님의 날이 오게 될 것이기 때문입니다. 그런 후에 판세는 뒤집어집니다. 우선 여기 이 땅 이 생에서 부와 권력을 잡고 즐겁게 누리던 자들은 곧 슬퍼하고 저주받게 됩니다. 거꾸로 경건한 자들과 하나님을 두려워하는 자들, 즉 여기 이 땅 위에서 억압받고 곤경 속에 있던 자들은 곧 다스리게 될 것입니다. 그러므로 이제 돈을 긁어모으며 복음을 믿지 않고 죽음에 관하여 어떤 것도 듣거나 말하고자 하지 않는 자들로 하여금 슬퍼하도록 하십시오. 그들은 100년 동안 이 땅 위에서 잘 살고 그 이후의 결과에 대해서는 될 대로 되라는 식으로 살아왔습니다. 하지만 여러분에게는 즐거워하고 좋은 일이 있습니다. 왜냐하면 여러분의 구원의 날이 가까이 와 있기 때문입니다.

마지막 날에 대한 두려움은 불경건한 자들에 해당된다

이러한 달콤하고 사랑스러운 말씀들을 우리의 주님 그리스도는 제자들과 그리스도인들의 마음에 기꺼이 각인시키시기를 원하셨습니다. 그래서 그들이 징조들 앞에서 두려워하지 않고, 대신 이것이 악한 사람에게 해당하고 그리스도인에게는 해당되는 것이 아니라는 사실을 기억하도록 하셨습니다.

그리스도가 제자들과 그리스도인들에게 더욱 잘 각인시키시기 위하여 주신 나무에 관한 비유는 흥미롭습니다. 우리의 주 하나님은 마지막 날을 책뿐만 아니라 나무에도 쓰셨습니다. 우리가 종종 봄에 나무들을 쳐내는 것을 보게 되는데, 이것은 항상 이러한 비유와 주님의 날을 생각하도록 하기 위함입니다. 나무에 있는 잎들은 눈이 오는 추운 겨울을 보여주는 것이 아니라 약동하는 시기, 즉 봄과 여름을 보여줍니다. 그래서 그리스도는 여러분이 이러한 징조를 보게 되면, 여러분의 구원의 시기가 가까이 와 있다는 사실, 여러분은 모든 불행으로부터 이러한 눈물의 골짜기로부터 구해질 것이라는 사실을 확고하게 생각해야 한다고 말씀하셨습니다. 그리스도는 여기서 우리에게 징조를 올바르게 보는 법을 배우고 알아야 한다는 사실과 징조가 나타나게 될 때 우리의 주 하나님은 세상으로부터, 그리고 이러한 눈물의 골짜기로부터 우리를 끄집어내어 불행도, 슬픔도 없는 삶을 살기를 원하신다는 사실을 가르치십니다. 불경건한 사람들은 징조들을 그렇게 보지 않으나, 그리스도인들은 그들의 주 그리스도의 가르침을 따르며 징조들을 그들의 구원에 대한 확실한 통보로 바라봅니다.

깨어서 기도해야 하는 그리스도인

그리스도인들은 깨어서 기도해야 한다는 경고와 권면이 이제 뒤따라옵니다. 그리스도는 우리가 지금 눈으로 보는 것처럼, 세상은 마지막 날 전에 먹고 마시며 먹을 것을 잔인하게 준비하며 긁어모으게 될 것이라고 말씀하십니다. 사람들은 일반적인 독일어 표어로 다음과 같이 말합니다. "오래될수록 더 사악하고, 나이 들수록 초라하다." 나이 든 사람들은 돈을 모으지만 그것에 손을 댈 수 없는데, 그것은 그들이 오늘 여전히, 더구나 내일도 살게 될지 그렇지 않을지 모르기 때문입니다. 그리스도는 세상이 오래되면 될수록 세상 또한 그렇게 될 것이라고 말씀하십니다. 그러면 세상은 또한 긁어모으고 집을 짓고 식물을 심고 장가가고 시집가게 될 것입니다. 그리스도가 다른 말씀에서 하신 것처럼 말입니다(눅 17:26~27). 이것은 홍수 이전 노아의 때와 같습니다.

하나님은 노아를 통하여 120년 전에 세상에 경고하시고 홍수를 알리셨습니다. 그러나 사랑스럽고 아름다운 세상은 무엇을 했습니까? 세상은 성벽을 향하여 설교하는 것과 같았고, 사람들은 먹고 마시고 시집가고 장가갔습니다. 노아가 방주에 들어가는 그날까지 그렇게 하였습니다. 그들이 최소한 그것이 잘못이었음을 깨닫게 되었을 때, 홍수가 그들을 뒤엎어 그들 모두를 앗아가 버렸습니다. 우리의 시대에도 그러한 분주함, 걱정, 먹고 마시는 것이 있습니다. 그것은 도가 지나칠 정도입니다. 땅 위의 인간들에게는 더 이상 신뢰, 믿음은 없습니다.

그러므로 그리스도는 제자들과 그리스도인들에게 경고하며 권면하여 말씀하십니다. "나의 사랑스런 자녀들이여, 너희의 마음이 먹고 마시는 것과 음식 준비로 분주하지 않도록 조심하여라! 왜냐하면 세상이 최고로 화려하게 되고 돈을 긁어모으게 되면, 나의 마지막 날이 머지않다는 확실한 징조가 된다." 그리고 이 날은 그들에게 아주 재빠르게 닥치게 됩니다. 한 사람은 돈을 세고, 어떤 사람은 마시고 포식하고, 또 다른 사람은 춤추고 뛰는 것을 발견할 것입니다. 마치 새그물이 새들을 재빠르게 덮쳐 그들이 그것을 인식하기도 전에 잡혀 죽게 되는 것처럼, 역시 이 날도 알지 못하는 사이에 빠르게 이 땅 위에 거하는 모두에게 닥칠 것입니다. 그러므로 여러분은 먹고 마시는 음식 때문에 걱정하지 않도록 주의하시기 바랍니다.

어떤 사람은 다음과 같이 말하고 싶어 합니다. "그렇다면 사람들은 먹고 마시지 말아야 합니까? 생계를 꾸려 나가지 말아야 합니까? 일하며 진력하지 말아야 합니까?" 대답은 다음과 같습니다. "예, 사람은 먹고 마셔야 합니다. 음식과 일은 금지되어 있지 않습니다. 하지만 탐욕은 금지되어 있습니다." 그리스도는 제자들과 모든 그리스도인들에게 생활하고 밭을 갈고 일하는 것을 허락하십니다. 왜냐하면 그리스도는 그리스도인들이 이 땅 위에 서 있기 때문에 의복과 음식을 필요로 하고, 또 가져야만 한다는 것을 알고 계시기 때문입니다. 그러나 그는 염려와 탐욕은 금하십니다. 우리가 이제 세상에서 보는 것은, 마지막 날이 머지않았다는 확실한 징조가 절정에 달하고 가득 차 있다는 사실입니다.

그러므로 그리스도는 다음과 같이 말씀하십니다. "만일 여러분이 그러한 징조들과 이에 더해 세상이 끝나지 않을 것이라는 끔찍할 정도의 안일한 생각과 먹고 마시고 긁어모으는 일에 악착같음을 보게 되면, 여러분의 구원이 가까이 있다고 생각하기 바랍니다." 슬퍼하지 마시기 바랍니다. 왜냐하면 진노는 세상에 이루어지기 때문입니다. 세상은 그 날에 그들의 자녀들과 함께 순식간에 완전히 죽음에 이르게 될 것입니다. 그리스도는 "나의 제자들과 그리스도인들이여, 여러분은 세상에 있는 것이 아니라, 세상에서 단지 손님이요 외인입니다."라고 말씀하십니다. 세상은 단지 밤에 머무는 여관에 불과합니다. 그러므로 여러분은 항상 깨어 있고 주기도문의 내용을 명심하기 바랍니다. 오히려 하나님의 나라가 여러분에게 오기를 기도하시기 바랍니다. 제가 여러분에게 가르친 것처럼 말입니다.

영적인 깨어 있음

그리스도는 여기서, 육이 항상 깨어 있고 낮이나 밤이나 자지 말아야 한다고 말씀하셨습니다(이것은 불가능한 일입니다). 이것은 단지 자연적인 잠을 떨치고 항상 깨어 있어야 한다는 의미가 아닙니다. 오히려 영적인 깨어 있음을 말하고 있는 것입니다. 우리의 영혼과 영이 항상 깨어 있고 열심히 기도하며 마지막 날을 생각해야 합니다. 만일 우리가 그렇게 행하게 되면, 우리에게 이 날은 불경건한 자들에게 덮치듯이 그렇게 빠르게 덮치지는 않을 것입니다. 바울 역시 데살로니가전서 5장 2~5절에서 어둠의 자녀와 빛의 자녀들 사이를 구분하여 말씀하셨습니다. "주의 날이 도적같이 이를 줄을 너희 자신이 자세히 앎이라 저희가 평안하다 안전하다 할 그 때에 잉태된 여자에게 해산의 고통이 이름과 같이 멸망이 홀연히 저희에게 이르리니 결단코 피하지 못하리라 형제들아 너희는 어둠에 있지 아니하매 그 날이 도적같이 너희에게 임하지 못하리니 너희는 다 빛의 아들이요 낮의 아들이라 우리가 밤이나 어두움에 속하지 아니하나니."

그래서 그리스도가 이제 원하시는 것은, 우리가 깨어 있고 하나님을 향한 경외와 선한 양심 속에 행하며 모든 영적 시련과 고통 속에서 벗어나 인자 앞에서 부끄럽지 않게 설 수 있도록 기도하는 것입니다. 베드로도 그렇게 가르치고 경고합니다(벧후 3:11~12). "이 모든 것이 이렇게 풀어지리니 너희가 어떠한 사람이 되어야 마땅하뇨 거룩한 행실과 경건함으로 하나님의 날이 임하기를 바라보고 간절히 사모하라." 이러한 것을 우리의 주님이요 구원자이신 예수 그리스도께서 우리 모두에게 베푸시기를 소망합니다. 아멘.

3. 대강절 셋째 주 설교

(1532년 대강절 셋째 주일에 루터의 집에서 행한 설교)

마태복음 11:2~10

요한이 옥에서 그리스도께서 하신 일을 듣고 제자들을 보내어 예수께 여짜오되 오실 그이가 당신이오니이까 우리가 다른 이를 기다리오리이까 예수께서 대답하여 이르시되 너희가 가서 듣고 보는 것을 요한에게 알리되 맹인이 보며 못 걷는 사람이 걸으며 나병환자가 깨끗함을 받으며 못 듣는 자가 들으며 죽은 자가 살아나며 가난한 자에게 복음이 전파된다 하라 누구든지 나로 말미암아 실족하지 아니하는 자는 복이 있도다 하시니라 그들이 떠나매 예수께서 무리에게 요한에 대하여 말씀하시되 너희가 무엇을 보려고 광야에 나갔더냐 바람에 흔들리는 갈대냐 그러면 너희가 무엇을 보려고 나갔더냐 부드러운 옷 입은 사람이냐 부드러운 옷을 입은 사람들은 왕궁에 있느니라 그러면 너희가 어찌하여 나갔더냐 선지자를 보기 위함이었더냐 옳다 내가 너희에게 이르노니 선지자보다 더 나은 자니라 기록된 바 보라 내가 내 사자를 네 앞에 보내노니 그가 네 길을 네 앞에 준비하리라 하신 것이 이 사람에 대한 말씀이니라.

들어가는 말

이 복음에서 사랑스러운 주 예수 그리스도는 우리에게 두 가지를 설교하고 가르치십니다. 첫째는 우리가 그분의 말씀을 소중하고 귀하고 거룩한 것으로 간주해야 한다는 것입니다. 왜냐하면 후에 듣게 될 것처럼, 말씀은 매우 중요하기 때문입니다. 둘째는 그러한 말씀을 듣고 기적을 보지만 그럼에도 불구하고 말씀을 무시하고 믿지 않는 자들의 감사치 않는 소름 끼치는 악덕들을 보여주십니다.

그리스도의 말씀을 부지런히 들으라!

우선 우리들은 자신에게 설교되는 그리스도의 말씀을 부지런히 들어야 합니다. 다음 말씀이 이러한 사실을 알려줍니다. 세례 요한은 이미 감옥에서 그리스도가 기적을 행하기 시작했다는 소식을 듣자마자, 그가 오실 그 사람인지 물어보라는 명령과 함께 제자들을 그에게 보냈습니다. 이것은 그가 모세와 선지자들이 구약에서 그렇게 많이 예언하고 설교한, 그리고 신약에서 그렇게 많이 설교되어야 할 그리스도인지 물어보라는 의미입니다.

그때 그리스도는 그러한 소식에 뭐라고 말씀하셨습니까? 그들이 그 사람인지 물었을 때, 그리스도는 '예' 또는 '아니오'라고 말씀하는 대신 단지 행한 일로써 대답한다고 말씀하셨습니다. "너희는 내가 그 사람이라는 것을 보고 듣고 손으로 잡는다. 왜냐하면 이사야와 다른 선지자들이 그리스도가 걷지 못하는 사람들을 걷게 하고 맹인을 보게 한다는 것을 예언한 바와 같이, 너희들은 이제 눈앞에서 그것을 보고 있음으로 더 이상 가르침을 받을 필요가 없고, 나 역시 너희의 질문에 대답할 필요가 없는 것이다(만일 너희가 단지 그 외에 바르게 그것을 준비하고자 하기만 한다면)."

이것이야말로 놀랍고 기이한 설교입니다. 이 안에는 사람들이 그리스도가 누구인지, 그리고 그의 나라가 어떤 나라인지, 그의 말씀이 얼마나 귀한 말씀인지, 이 모든 것이 세련되게 요약되어 있습니다. 그의 나라는 맹인, 절름발이, 나병환자, 귀머거리, 죽은 사람, 그리고 특히 가난한 죄인들과 곤궁하고 가난하고 보잘것없는 모든 사람들이 속해 있는 나라요, 위로와 도움이 발견되는 곳입니다.

그리스도에 관한 복음의 말씀

우리는 열심을 가지고 그리스도와 그의 나라에 대한 이러한 설교를 마음에 새겨야 합니다. 그리고 그리스도가 그러한 나라를 갖고 있고, (모든 세계가 자신의 능력으로 돕는 것이 불가능한 곳에서) 곤궁하고 가난한 사람들의 육체와 영혼에 도움을 주기를 원하시는 그러한 왕임을 영원히 우리 가운데 울려 퍼지게 해야 합니다. 복음이란 죄인에게 말하는, 그리스도에 관한 설교입니다. "나의 아들아, 안심하고 즐거워하라, 놀라지 말라! 왜냐하면 네가 다음 사실을 알아야 하기 때문이다. 즉, 그리스도가 가난한 사람들에게, 즉 곤궁하고 슬픔에 잠긴 마음에 은혜를 미리 알리고 약속하셨다. 그는 너를 위해 신적이고 영원한 자신의 순결함을 취하시며 너를 하나님과 화평하게 하고 네 죄를 깨끗이 씻어내고 용서하기를 원하신다. 그는 이러한 은혜를 네게 말씀을 통해 제공하신다. 그러므로 네가 듣는 것을 의심하지 말라. 네가 그것을 믿기만 하면, 그 일은 분명히 네게 일어날 것이다."

따라서 복음은 은혜로 충만한 복된 가르침이요, 친절한 소식이고 위로로 가득한 기쁜 소식입니다. 이것은 마치 한 부자가 가난한 거지에게 "내일 너는 수십만의 굴덴을 갖게 될 것이다."라고 말하는 것과 같습니다. 이것이야말로 그에게는 복음이고, 그가 즐겨 듣기를 원하고 마음으로부터 기뻐하게 될 즐거운 소식인 것입니다. 이러한 위로로 가득한 은혜가 충만한 설교, 즉 그리스도는 곤궁한 자를 떠안으시고 가난한 죄인들(율법에 붙잡혀 있는 자들)을 영원한 생명과 의로 돕고자 원하시는 왕이라는 설교에 비하면, 금이나 재화가 뭐 그리 대단한 것이겠습니까? 여기서 그리스도는 말하기를, 이러한 말씀(설교의 내용)이 바로 그의 나라이며 그것은 세상의 나라와 매우 다르다고 하십니다.

실족하지 않는 자의 복

이 복음에 있는 또 하나의 내용은 "누구든지 나로 말미암아 실족하지 않는 자는 복이 있도다."라고 주님이 말씀하시는 부분입니다. 그런 사람은 실로 복이 있는 자입니다! 왜냐하면 이 왕과, 그리고 누구나가 당연히 기뻐해야 할 그의 설교에 세상 전체는 분노하기 때문입니다. 우리가 복음의 역사에서 보는 것처럼 바리새인, 서기관, 대제사장, 사제, 레위인, 그리고 높고 위대한 모든 자들은 그리스도를 유혹자로 간주하고 그의 설교를 이단 사설로 여기며 저주합니다. 그리스도는 그들에게 결코 올바르게 설교될 수 없습니다. 그는 항상 사태를 전복시키고 부당하게 만드는 자로 여겨집니다. 악마가 이 이단을 데려갔으면 좋겠다고 그들은 말합니다. 왜냐하면 그는 주 하나님께서 경건한 자와 의로운 자는 지옥에 내던지고 죄인은 하늘로 올리신다고 설교하고 가르치기 때문입니다. 그들은 '사람들이 선행을 전혀 가치가 없는 것으로 여기게 하고 악한 녀석들에게 하늘을 그렇게 활짝 열어주는 것'이 바른 설교냐고 되묻습니다.

그러나 말씀에는 다음과 같이 쓰여 있습니다. "누구든지 나로 말미암아 실족하지 않는 자는 복이 있도다." 이제 당신이 그리스도의 말씀을 올바르게 듣는다면, 그의 말씀을 받아들이고 그의 나라로 간다면, 당신은 복음이 선한 행위를 금지하지 않는다는 것을 알게 될 것입니다. 오히려 복음은 우리가 선행을 행해야 하고, 하나님의 말씀과 양심에 반대되는 어떤 것도 행하지 않도록 진정으로 노력해야 한다고 가르치고 경고합니다. 복음은 세상의 정부를 그대로 머무르게 하며, 관리로 하여금 기강과 질서에 속하는 칼, 회초리, 그리고 다른 것들을 필요하게 만듭니다. 복음은 정부, 제후들, 주인들이 악한 것을 처벌해야 한다고 말합니다. 도둑질해서는 안 된다고 말합니다. 마치 복음이 우리는 선한 것을 하지 말아야 한다고 가르치기라도 하는 것처럼, 왜 당신은 거룩한 복음에 분노하며 중상 비방합니까? 복음은 선행을 배척하거나 금지하지 않습니다.

선행의 의미

하지만 복음은 선행을 신뢰하며 공로로 여기는 것을 금합니다. 만일 이생이 끝나고 우리가 다른 생으로 가게 되면, 우리의 삶과 선한 행위에 의지하거나 신뢰하라는 조언은 어떤 도움도 되지 못합니다. 오히려 우리는 그리스도에게로 눈을 돌리고 오직 그의 행위와 공로에만 확고하게 신뢰하고 의지해야 합니다. 그러면 우리는 그리스도를 통하여 은혜와 영원한 구원을 저 세상에서 발견하게 될 것입니다.

하지만 이생에서 하나님은 우리에게 여러 부분으로 이루어진 몸을 주셔서, 우리가 이 땅 위에서 빈둥거리는 것이 아니라 발로 가고, 손으로 잡고, 입으로 말하고, 눈으로 보도록 하셨습니다. 이 외에도 그는 또한 그의 말씀, 십계명을 주셔서 그의 명예에 위배되는 어떤 것도 하지 않으며 우리의 이웃에 유용하도록 모든 행위들을 행하도록 하셨습니다. 복음은 그러한 것을 단지 불러일으킬 뿐만 아니라, 또한 우리가 오직 열심히 행할 것을 바랍니다. 하지만 이제 사람이 이 세상에서 벗어나 홀로 하나님의 심판대에 서게 되면, 복음은 당신에게 다른 위로를 찾을 것을 명합니다. 그것은 바로 당신이 소망을 온전히 둘 수 있는 기초인 그리스도입니다.

선행이 아니라 오직 그리스도만 신뢰하라!

그러므로 만일 당신이 올바르게 살았다면, 그것은 바르고 좋은 일입니다. 그것에 대해 하나님께 감사하기 바랍니다. 그러나 죽음 가운데서 그것을 신뢰하지 마시기 바랍니다. 마치 하나님께서 그 대가로 당신에게 천국을 주시기라도 할 것처럼 말입니다. 오히려 우리의 주 그리스도 예수를 의지하기 바랍니다. 그분은 여기 복음서 저자가 보고하는 것처럼 직무를 수행하여 맹인을 보게 하고, 절름발이를 걷게 만들고, 가난한 자들에게 복음을 설교하여 불행하고 겁에 질린 마음을 위로하십니다. 왜냐하면 그는 우리의 죄 때문에 우리를 교수형에 처하게 하기 위해 온 것이 아니라 가엾은 양심을 조언하고 바로 세우고 위로하고 이들을 영원히 돕기 위한 임무를 그의 아버지로부터 받았기 때문입니다.

다른 한편 세상이 그리스도에게 분노하는 이유는 그가 그렇게 완전히 가난하고 불쌍하기 때문입니다. 그가 십자가를 지고 그것에 달리신 것과 같이, 그는 그리스도인들에게도 자기 십자가를 스스로 지고 온갖 종류의 영적 시련과 고난을 통하여 그를 따르라고 권고합니다. 그리스도에 대해 특별히 세상은 적대적이고 그를 꺼려합니다. 사람들은 다음 상황에서 그것을 봅니다. 즉, 우리가 복음을 고백하고 그것을 위해 무엇인가를 과감히 시도하거나 겪게 되면, 많은 이들은 마치 벌레 먹은 과일이 여름에 나무에서 떨어지듯이 갑자기 무기력해집니다.

그리스도에 실족하지 않는 자는 복이 있다

다음으로 만일 우리가 그리스도의 복음에 대한 것보다 우리가 느끼는 것, 우리의 마음과 양심에로 더 향한다면, 그것 역시 분노할 일입니다. 저는 스스로에 대해 다음과 같이 고백합니다. 복음 안에서 선포되는, 우리의 사랑하는 주 예수 그리스도의 은혜가 나를 위로하는 것보다 나의 일체의 행동이 나를 더욱 괴롭히고 근심스럽게 한다는 사실에 나는 분노합니다. 이러한 분노는 일반적인 것이 아닙니다. 왜냐하면 참다운 그리스도인들만이 이것으로 괴롭힘을 받기 때문입니다. 그러나 그것은 매우 마음을 아프게 합니다. 그리고 성령의 조력과 도움이 없는 곳에서는 우리들 중 어느 누구도 그러한 분노에서 버틸 수 없습니다.

그리스도는 "누구든지 나에게 실족하지 않는 자는 복이 있다."고 말씀하십니다. 이 말씀과 함께 그가 예언한 것은 인간들은 이러한 복음

설교에서 불쾌감을 느끼고, 그 설교를 경멸하고 박해할 것이라는 사실입니다. 우리는 그러한 분노, 경멸, 박해를 참고 견디어야 합니다. 그리스도가 스스로 설교하시고 맹인들이 보며 귀머거리들이 들으며 절름발이들이 바로 걷고 나병환자들이 깨끗해지며 죽은 자들이 살아나게 되는 수많은 기적을 성취하셨을 때, 그것은 그분 자신에게는 아무 도움도 되지 않았습니다. 오히려 말씀이 멸시를 받고 사랑스러운 주 그리스도가 십자가에 못 박히셨습니다. 사도들은 유대 땅으로부터 쫓겨났으나 세상 전체 어디에서도 이 설교를 위해 안전할 수 없었습니다. 이제 무엇이 도울 수 있겠습니까? 우리는 도대체 무엇을 탄식합니까? 세상이 거룩한 복음과 우리 시대의 올바른 설교가들을 그렇게 멸시하고 게다가 그것으로부터 달아나는 것이 뭐 그리 놀랄만한 일입니까? 그러나 말씀을 전한 것뿐만 아니라 특별히 위대한 기적을 행한 그리스도, 우리의 주님 자신과 사도들처럼, 우리도 행함이 아니라 오직 순전히 세상을 분노하게 하는 말씀만을 전파해야 합니다. 우리는 그 일에 익숙해야 하며 세상이 분노하게 해야 합니다. 복음은 이와 다르지 않으며 결코 다르게 이루어지지 않기 때문입니다.

복음에 대한 사람들의 반응

이제는 다른 부분에 대해 말씀드립니다. 복음은 사람들이 비참하게 멸시하는 설교라는 사실과 우리는 시민과 농부들이 복음에 대해 어떤 것도 묻지 않는다는 사실에 아랑곳하지 말아야 한다는 사실입니다. 우리의 사랑스러운 주, 그리스도 예수에게 불쾌한 일이 일어났는바, 즉 약속된 자기 백성이 구원자 그리스도를 받아들이지 않은 것입니다. 비록 그들이 자신들 눈앞에서 그가 행한 훌륭하고 위대한 기적을 보았을 지라도, 그들은 그것을 통하여 그의 설교를 믿거나 그를 받아들이지 않았습니다. 아니, 오히려 그들은 그를 십자가에 못 박아 죽였습니다. 그러므로 우리는 다음과 같이 말해야 합니다. "자, 사랑스러운 주 그리스도여, 당신이 그렇게 강력한 기적들을 가지고 왔음에도 불구하고 당신에게 그러한 불쾌한 일이 일어난다면, 비록 내가 복음 때문에 무시를 받고 조롱받고 박해를 받게 된다고 할지라도 나는 침묵하거나 슬퍼하지 않을 것입니다."

오직 그리스도!

그렇게 우리는 오늘 복음에서 두 가지의 탁월하고 귀한 가르침을 듣게 됩니다.

첫 번째, 그리스도는 은혜와 모든 위로의 왕으로서, 가난하고 슬픔에 찬 양심에게 복음으로 친절하게 말해주고, 죄에 대해 위로하고, 그들이 영원한 생명으로 가도록 도우십니다. 왜냐하면 엄격한 세상의 정부가 아무리 하나님의 영역일지라도, 그것은 언젠가는 그 역할이 없어질 왼편 왕국이기 때문입니다. 하지만 영원한 왕국은 그의 오른편 왕국으로, 우리에게 말씀을 통해 옵니다. 그리고 우리는 죽을 때 확고한 신념으로 말하게 됩니다. "나는 죽음에서 나를 구원할 수 있고, 구원하기 원하시는 예수 그리스도를 믿습니다. 이분은 눈먼 자를 보게 하시고, 나병환자를 깨끗하게 치유하시며, 죽은 자를 살게 하십니다. 나는 그에게로 가서 구원받게 될 것입니다."

두 번째, 비록 모든 세계가 그리스도와 그의 복음에 부딪히고 분노하고 넘어질지라도, 우리는 그러한 분노와 넘어짐에 주의를 기울이지 않을 것입니다. 오히려 우리는 이 왕을 분노 없이 받아들이며, 그의 말씀을 확고히 붙들며, 그가 말씀한 것처럼 그를 통하여 복이 있게 될 것입니다. 그것을 사랑스러운 주 예수께서 우리에게 주시기를 빕니다. 아멘.

4. 대강절 넷째 주 설교

(1532년 대강절 넷째 주일에 루터의 집에서 행한 설교)

요한복음 1:19~28

유대인들이 예루살렘에서 제사장들과 레위인들을 요한에게 보내어 네가 누구냐 물을 때에 요한의 증언이 이러하니라 요한이 드러내어 말하고 숨기지 아니하니 드러내어 하는 말이 나는 그리스도가 아니라 한대 또 묻되 그러면 누구냐 네가 엘리야냐 이르되 나는 아니라 또 묻되 네가 그 선지자냐 대답하되 아니라 또 말하되 누구냐 우리를 보낸 이들에게 대답하게 하라 너는 네게 대하여 무엇이라 하느냐 이르되 나는 선지자 이사야의 말과 같이 주의 길을 곧게 하라고 광야에서 외치는 자의 소리로라 하니라 그들은 바리새인들이 보낸 자라 또 물어 이르되 네가 만일 그리스도도 아니요 엘리야도 아니요 그 선지자도 아닐진대 어찌하여 세례를 베푸느냐 요한이 대답하되 나는 물로 세례를 베풀거니와 너희 가운데 너희가 알지 못하는 한 사람이 섰으니 곧 내 뒤에 오시는 그이라 나는 그의 신발끈을 풀기도 감당하지 못하겠노라 하더라 이 일은 요한이 세례 베풀던 곳 요단 강 건너편 베다니에서 일어난 일이니라.

믿음의 최고 조항 – 그리스도

오늘 본문 말씀은 우리의 믿음에 관한 최고의 조항으로서 진실로 귀한 복음입니다. 여기에는 우리가 해야만 하는 십계명에 대해서도, 몇몇 다른 복음서에서 다루어지고 있는 것처럼 선행에 대해서도 가르치고 있지 않습니다. 오히려 그리스도에 관해서, 즉 그분이 누구인지, 그분이 행하신 일이 무엇인지 가르치고 있습니다. 이 복음에서 가장 중요하고 필요한 부분은 복음서 저자가 말한 내용으로, 세례 요한이 그리스도에 대한 증언자로서 증언을 하고 있다는 사실입니다. 여기서 '증언'이라는 말이 매우 중요합니다. 우리 독일인들에게는 증언이라는 말의 의미가 분명하지 않지만, 증언은 그리스도에 대한 설교나 말을 의미합니다. 복음서 저자가 여기서 가르치고자 하는 것은 말씀 속에서 증언하고 있는 세례 요한의 설교를 우리가 들어야 하며 그리스도에 관한 그의 설교가 교회 안에 머물러야 한다는 사실입니다.

세례 요한은 누구인가

유대인들은 예루살렘으로부터 대제사장과 사제와 레위인들을 세례 요한에게 보내어 그가 그리스도, 엘리야, 혹은 선지자인지 물었습니다. 그러나 요한은 자신이 있던 곳에 변함없이 머무르며 자신은 작은 자라고 말합니다. 그때 그들은 세례 요한에게 말합니다. "도대체 너는 누구냐? 너는 너 자신에 대하여 누구라고 말하느냐?" 세례 요한은 답합니다. "나는 광야에서 외치는 소리다." 즉, 그는 주님의 길을 바르게 하라고 부르고 외치는 소리라는 것입니다. "그러므로 너희는 내가 누구인지를 아는바, 나는 그리스도라 불리는 사람의 증언자요 설교자다. 나는 그분이 아니다. 나는 그리스도도 엘리야도 선지자도 아니다. 나는 그분에 관한 소리며 설교자라는 명예만으로도 충분하다. 너희가 찾는 그분은 멀리 계시지 않는데, 그분은 신명기 18장 18절에서 선포된 선지자요 의로운 사람이시다. 그러나 그분이 누구이신지를 너희가 알고자 원한다면, 내 말에 귀를 기울이라! 나는 그보다 앞서 가서 그의 길을 예비하는 자이며, 그는 곧 내 뒤에 오실 것이다. 너희가 내 설교를 듣는다면 너희는 그분을 만나게 될 것이다. 너희가 내 설교를 듣지 않는다면 너희는 그분을 만나지 못할 것이다."

여기서 여러분은 교황과 그리고 스스로 그리스도이고자 원하는 다른 교회들이 행한 것처럼, 기독교 교회가 지배하기를 원하는 모든 것들을 거부하는 아름답고 훌륭한 예를 보게 됩니다. 세례 요한은 모든 교황보다도 더 높고 거룩합니다. 그럼에도 불구하고 유대인들에게 말합니다. "나는 여러분을 도울 수도, 권면할 수도 없고, 나 자신에게 역시 그렇게 할 수 없습니다. 나는 나와 여러분을 도울 수 있는 한 사람을 알고 있습니다. 나는 그분에게 아주 사소한 봉사를 할 만한 자격조차도 없습니다(그의 신발 끈을 풀기도 감당하지 못합니다). 우리 모두 그 사람에게로 갑시다. 나는 세례를 베풀고 그에 관하여 설교합니다. 그분이 여러분 가운데 계십니다. 여러분은 그분을 의지하기 바랍니다. 나도 역시 그렇게 행할 것입니다."

그렇게 세례 요한은 세상 전체를 자신으로부터 그리스도에게로 향하게 하고 계속해서 다음과 같이 말합니다. "이사야 선지서(사 40:3)에 '주의 길을 곧게 하라.'고 광야에서 외치는 자의 소리가 있으리라고 쓰여 있다. 이 사람이 바로 나다. 나는 가장 중요한 설교가들 가운데 한 사람이다. 그러나 나는 주가 아니라 주 앞에 있는 소리다. 나는 '물러나라. 주님이 오신다. 주의 길을 곧게 하라. 돌, 나무, 모든 방해물을 길에서 치워라. 장소를 만들라. 여기 주님이 오신다.'라고 설교하는 설교가일 뿐이다. 그런 설교가가 바로 나이다. 나는 주님 자신이 아니라 주님이 오심을 가르치는 자다."

그리스도에 대한 끊임없는 증언

그렇게 우리도 우리의 광야에서 부르고 외쳐야 합니다. 우리는 또한 부르고 외치기를 중단해서는 안 되며 오히려 항상 끊임없이 사람들을 그리스도에게로 인도해야만 합니다. 그리스도에 대한 이러한 증언을 사탄은 참지 못합니다. 그래서 사탄은 있는 힘을 다해 그리스도에 대한 증언을 외치지 못하게 밀쳐 넘어뜨리며, 그리스도에 대한 증언이 멈출 때까지는 방해를 멈추지 않을 것입니다. 이에 대해 우리 인간들은 여전히 나약하고 어리석으며, 그리스도보다는 오히려 모든 성인(聖人)들에게 의지하려 합니다. 교황 제도에서는 성인의 업적에 대하여 설교하며 성인들의 공로를 신뢰해야 한다고 가르칩니다. 그리고 나 자신 역시 그렇게 믿었고 설교하였습니다. 그렇게 인간은 본능적으로 세례 요한의 이러한 증언으로부터 벗어나려는 성향이 매우 짙습니다.

말씀과 증언에 머무는 것은 그리 쉬운 일이 아닙니다. 그러므로 필요한 일은, 우리가 항상 멈추어 서서 그리스도에 관한 세례 요한의 이러한 증언을 마음에 새기는 것입니다. 우리는 죽음 가운데 다음과 같이 말할 수 있습니다. "나는 이제 죽습니다. 그러나 나는 세례 요한이 증언하는 구원자를 갖고 있습니다. 나는 이 구원자를 신뢰하며, 그 외에 하늘과 땅 위에 어느 피조물도 신뢰하지 않습니다." 그러나 사람이 세례 요한이 가리킨 그분만을 마치 인간의 규례들처럼 의지하며 기쁘게 죽을 수 있다는 사실로는 충분하지 않습니다. 또한 사람이 마치 자신의 행위처럼 거룩한 세례를 굳게 의지할 수 있다는 사실만으로는 희망이 없습니다. 그렇게 한다고 해도 우리 인간들은 다른 모든 것을 더 쉽게 믿으며, 우리의 신뢰와 마음을 다른 것에 두기가 쉽습니다. 우리는 모든 것이 그의 손에 달려 있고 우리가 모든 것을 가지게 되는 수단이자 대상인 그리스도만 신뢰하려고 하지 않습니다. 금과 재화는 무상한 것이지만, 사람은 그것을 계속해서 신뢰합니다. 그래서 돈과 재화를 위해 살해하고 훔치고 도적질하고 육체와 생명을 걸기까지 합니다. 사람은 그것을 가지고 있을 때 즐거워하고, 그것을 갖고 있지 않을 때 슬퍼합니다. 하지만 세례 요한의 증언과 설교를 위해서, 인간은 어떤 것을 행할 수도 없고 모험을 감행하려고도 하지 않습니다. 이 얼마나 악하고 어리석습니까?

그리스도 증언에 대한 반응

그리스도에 대한 세례 요한의 증언이 설교되고 가르쳐지고 있지만 세상이 그것을 받아들이지 않는다는 사실로 인해 요한복음의 저자는 그의 복음서에서 탄식을 토로하였습니다. 그것을 듣고 그것으로부터 정당하게 기쁨과 희망과 위로를 받는 사람들도 때로는 다른 어떤 것을 바라보고 이 증언을 그냥 지나칩니다. 세상은 그렇습니다. 만일 누군가가 돈이 가득한 모자를 갖고 있다면, 그것은 그로 하여금 자만하게 하여 그가 머리로, 혹은 발로 가야 할지 모르게 만듭니다. 누군가 그리스도에 관하여 그에게 말한다면, 그는 다음과 같이 말할 것입니다. "그 것이 무엇이냐? 사람들이 세례 요한의 이러한 증언 앞에서 잠을 자고 자 하니 죽음, 천둥과 번개를 세상에 보내 깨우셔 보시지!" 농부들, 시 민들, 귀족들, 주인들, 하인들은 모두 듣고 배우는 데 싫증이 나 있습 니다. 그들은 말합니다. "무슨 증언이냐! 무슨 복음이냐! 무슨 그리스 도냐! 우리에게 은전과 아름다운 여인이 있으면 족한 것이 아닌가!"

하늘과 구원에 이르는 유일한 길

이것은 많이 배운 사람들에게서도 마찬가지입니다. 그들은 세례 요 한이 그리스도, 엘리야 혹은 선지자인지 주목합니다. 그들은 그리스 도, 엘리야, 선지자를 자신들이 원하는 대로 갖기를 원합니다. "그렇 다. 우리의 주 하나님도 그것에 흥미를 갖고 계신다!" 하지만 제 생각 에 하나님은 전혀 반대이십니다. 다시 말하면 "사랑하는 이여, 당신은 하나님이 그리스도를 보내신 것처럼 받아들여야 하지, 당신이 그를 갖 기를 원하는 것처럼 받아들여서는 안 된다." 나는 내게 좋아 보이는 것 처럼 그리스도를 기꺼이 갖기를 원하고, 삼일을 금식하거나 다른 것 을 행하며 다음과 같이 말하기를 원했습니다. "그것이 하나님의 마음 에 든다. 이를 통하여 나는 구원받기를 원한다." 하지만 그리스도는 그 것을 원하지 않습니다. 그렇게 유대인들도 그리스도를 기다렸습니다. 마치 그가 세상의 왕으로서 많은 준마, 마차, 기사들과 더불어 오시는 것처럼 말입니다. 그리고 엘리야를 기다렸습니다. 그가 불마차를 타고 오는 것처럼 말입니다. 그리고 선지자들은 수많은 위대한 기적의 표징 들을 가지고 온다고 생각했습니다.

아닙니다. 그렇지 않습니다. 하나님은 요한을 그의 증언과 가르침과 함께 그들에게 보내시며 말씀하십니다. "너희가 요한을 그의 증언과 함께 가지게 되면, 너희는 그리스도를 문 앞에서 갖게 될 것이다. 그러므로 요한을 그의 증언과 함께 받으라." 그러나 유대인은 그렇게 행하기를 원하지 않았습니다. 예, 그들은 요한을 그의 세례와 함께 조롱했습니다. 그러므로 그들은 그리스도 역시 조롱했습니다.

오늘날에도 배척받는 복음

오늘날에도 많은 사람들이 요한의 증언에 대해 그가 활동하던 당시의 사람들이 반응한 것처럼 똑같이 생각하고 행동합니다. 즉, 그의 말씀과 설교를 무시합니다. 우리는 설교합니다. "주님이 여기 계시다. 그를 받아들여라." 그러나 아무것도 이루어지지 않습니다. 예, 그리스도와 그의 복음은 배척받습니다. 그러므로 우리의 주 하나님은 복음을 배척하는 자들에게 그렇게 많은 열광주의자들을 보내셔서 그들이 그리스도를 잃게 만드십니다. 세상은 그렇게 돌아갑니다. 우리의 시민들, 농부들, 귀족들이 돈을 충분히 갖고 있다면, 이들이 그리스도를 부인하도록 이끄는 설교자들이 계속 올 것입니다. 유대인들이 자신을 의지하지 못하도록, 세례 요한은 이렇게 말합니다. "나는 그리스도가 아니다. 나는 엘리야도 선지자도 아니다." 그러나 요한을 그의 증언과 함께 받아들이기를 원치 않고 또한 우리의 설교를 믿고자 하지 않는 멸시자들은, "내가 바로 그 사람이다."라고 말하는 다른 설교자들을 찾아가 그들을 만나게 될 것입니다. 말씀이 사라지면 그런 일 외에 다른 일은 일어날 수 없습니다. 우리가 계속 설교하지만, 여러분은 듣지 않습니다.

그러므로 세례 요한의 예에서 그리스도에 관한 이러한 증언을 잘 듣고 간직하는 것을 배워야 합니다. 왜냐하면 이러한 증언과 가르침이 없어지자마자, 사람들은 그 순간부터 인간의 행위들과 잘못된 거룩함에 관하여 설교하기 시작하여 사람들을 외적인 호화로움으로 장식할 것이기 때문입니다. 그렇게 되면 모든 올바른 위로와 구원에 이르는 바른길은 사라지게 됩니다. 요한이 증언을 하지 않고 침묵한다면, 하늘은 닫히고 인간들은 지옥으로 달려가야만 하기 때문입니다. 그리스도에 관한 이러한 요한의 증언 외에는 하늘과 구원에 이르는 다른 길은 없습니다.

그리스도에 관한 복음과 바른 열매

이 복음은 그리스도에 관한 바른 가르침이기에, 우리는 그 말씀을 받아들여야 하고 그것에 입맞춤하고 사랑해야 하며, 그것에 매달리고 그것으로부터 벗어나지 말고 그것을 계속 고집해야 합니다. 이것이 기독교 가르침의 중심 부분이고, 그 위에 우리 구원의 기초가 세워집니다.

만일 사람이 그러한 핵심 부분을 갖고 있다면 그다음에 선행이 따르게 되는바, 사람은 경건하게 되고 부모에게 순종하며 국가 정부에 복종하고 각자가 자신의 신분에서 이웃을 섬기게 됩니다. 만일 사람이 그렇게 (믿음과 행위를) 구별하고 모든 가르침을 적절하게 따르면, 그것은 바른 일입니다. 십계명은 이생에서 좋은 것이 무엇인지를 가르칩니다. 그러나 저 세상의 삶에 관하여 말하기 위해서는 요한의 증언만이 유효해야 합니다. 다시 말하면 "나는 그의 신발 끈을 풀기도 감당하지 못합니다." 그리고 "그는 성령과 불로써 세례를 주시는 분이다."(마 3:11)입니다. 즉, 너희 가운데 계신 그리스도는 성령으로서 너희의 마음을 밝혀주고 깨우칠 것이며, 너희를 위해 죽으시고 너희에게 영생을 주실 것이라는 의미입니다. 이생에 속하는 것은 십계명입니다. 그러나 영원한 생명에 속하는 것은 복음 및 그리스도에 관한 요한의 이러한 증언입니다.

요한은 그렇게 확고하게 서서 고백하고 부인하지 않았습니다. 저는 하나님께서 우리도 그렇게 확고하게 서서 설교에서나 들음 가운데 그러한 고백을 변하지 않게 하시기를 기원합니다. 그것은 매우 필요한 일입니다. 우리는 본성상 다른 것을 쉽게 바라보는 경향이 있습니다. 세상 안에 있는 모든 것은 요한의 증언에 거스르는 시련이며 방해입니다. 돈, 재화, 여인, 자녀, 잘못된 거룩함은 우리를 이러한 증언으로부터 벗어나게 하는 방해물에 불과합니다. 그러므로 저는 여러분에게 또한 경고합니다. 여러분은 가르침을 바라보고 계속 고집하셔야 합니다. 여러분이 원하는 것처럼 먹고 마시기 바랍니다. 하지만 오직 이러한 가르침만은 계속 고집하기 바랍니다. 하나님께서 자비롭게 우리로 하여금 그것에 머물게 하시기를 소망합니다. 아멘.

III. 루터의 성탄절 설교

1. 성탄절 첫 번째 설교

(1531년 12월 25일에 교회에서 행한 설교)

누가복음 2:1~14

그 때에 가이사 아구스도가 영을 내려 천하로 다 호적하라 하였으니 이 호적은 구레뇨가 수리아 총독이 되었을 때에 처음 한 것이라 모든 사람이 호적하러 각각 고향으로 돌아가매 요셉도 다윗의 집 족속이므로 갈릴리 나사렛 동네에서 유대를 향하여 베들레헴이라 하는 다윗의 동네로 그 약혼한 마리아와 함께 호적하러 올라가니 마리아가 이미 잉태하였더라 거기 있을 그 때에 해산할 날이 차서 첫아들을 낳아 강보로 싸서 구유에 뉘었으니 이는 여관에 있을 곳이 없음이러라 그 지역에 목자들이 밤에 밖에서 자기 양 떼를 지키더니 주의 사자가 곁에 서고 주의 영광이 그들을 두루 비추매 크게 무서워하는지라 천사가 이르되 무서워하지 말라 보라 내가 온 백성에게 미칠 큰 기쁨의 좋은 소식을 너희에게 전하노라 오늘 다윗의 동네에 너희를 위하여 구주가 나셨으니 곧 그리스도 주시니라 너희가 가서 강보에 싸여 구유에 뉘어 있는 아기를 보리니 이것이 너희에게 표적이니라 하더니 홀연히 수많은 천군이 그 천사들과 함께 하나님을 찬송하여 이르되 지극히 높은 곳에서는 하나님께 영광이요 땅에서는 하나님이 기뻐하신 사람들 중에 평화로다 하니라.

그리스도의 탄생에 관한 말씀

오늘 본문은 이번 절기와 우리의 주 예수 그리스도의 탄생에 관한 내용입니다. 이것은 매우 정교하게 구성되어 있고 기독교 교회에서 찬미되고 있는 말씀입니다. 특히 그 말씀은 매우 중요하며 바로 우리의 기독교 신앙의 토대가 됩니다.

이 복음은 두 부분으로 구성되어 있습니다. 첫째는 우리의 사랑스런 주 예수 그리스도가 베들레헴에서 태어난 사건이 어떻게 진행되는가에 대한 말씀입니다. 다른 하나는 우리 주 예수 그리스도의 출생이 우리를 어떻게 유익하게 하고 어떤 능력이 되는지에 관한 천사의 설교입니다.

누가는 그리스도가 어느 시대에, 어느 해에, 어느 장소에서, 어떤 방식으로 출생하였는지를 로마제국 시대의 유대 땅 베들레헴에 있었던 인구조사와 관련하여 풀어갑니다. 황제는 로마가 통치하는 모든 국가의 인구수를 조사하라고 명령합니다. 요셉과 마리아도 이러한 황제의 명령에 따라 순종하여 길을 떠납니다. 그들은 갈릴리로부터 유대 땅 베들레헴으로 갑니다. 거기서 마리아는 때가 되어 아들을 낳게 되는데, 그가 바로 온 세상의 구원자였습니다. 그들은 낯선 도시에 도착했고, 그 도시는 어느 곳이나 사람들로 가득 차 있어 빈방을 찾을 수 없었습니다.

세상 왕국과 영적인 왕국의 구분

이상이 사건의 진행 과정입니다. 이로부터 우리가 보고 배워야 할 사실은, 주님은 이 땅 위에 태어난 후 즉각 행동을 취하여 자신의 왕국과 세상의 왕국을 구분하기 시작하셨다는 점입니다. 그는 마치 자신이 세상과 세상 왕국을 알고 있지 않은 것처럼 태도를 취합니다. 세상도 이 왕과 왕국을 알지 못하는 것과 같은 태도를 취합니다. 그럼에도 불구하고 그리스도는 베들레헴에서 태어나 자연적인 어머니를 갖고 구유와 기저귀 등의 세상적인 것을 사용하십니다. 그는 황제 아우구스투스가 베들레헴에서 권력과 정부를 갖고 있는 시대에 태어납니다. 그리스도는 이 땅 위에서 이렇게 이 세상을 사용하셨습니다.

그러므로 그리스도와 황제의 나라는 다음과 같이 구분되어야 합니다. 즉, 그리스도의 왕국은 영적인 왕국이요 또한 영적인 왕국이 되어야 합니다. 또한 이러한 영적인 왕국은 세상의 왕국 가운데 있으며, 그리스도는 그리스도인과 더불어 세상을 사용합니다. 바울이 디모데전서 6장에서 가르친 것처럼 말입니다. 황제의 왕국은 세상 왕국으로서 세상의 일들을 다스리고 조정하고 연설하고 전쟁을 하고 칼을 필요로 합니다. 그리스도는 그러한 세상의 일과 관련되지 않으십니다. 오히려 그리스도 왕국의 직무는 영혼이 죄와 죽음에서 구원받는 것에 있고 세상이 도울 수 없는 곳에서 돕는 것입니다.

세상을 '사용'하는 그리스도인

그리스도인들이 세상에서 함께 먹고 마시며 이 땅 위에서의 삶을 사용한다는 사실은 참된 진실입니다. 그들의 왕 그리스도가 이 세상에서 역시 먹고 마시고 이생의 삶을 사용하신 것처럼 말입니다. 하지만 그러한 것들을 그리스도인들은 단지 그리스도가 행한 것처럼, 순례자와 외지인으로서 그리고 여관의 손님으로서 행합니다.

여관에서는 다음과 같은 일이 이루어집니다. 집주인은 손님을 위해 음식과 음료와 빵과 고기와 맥주를 준비합니다. 손님은 이런 준비에 신경을 쓰거나 애쓰지 않습니다. 손님은 주인에게, 그가 어떻게 살림을 꾸려나가야 할지를 가르치지 않습니다. 그는 "사랑하는 주인이여, 당신이 음식을 살 때는 이렇게 저렇게 하시오."라고 말하지 않고, "주인이여, 당신은 빵과 고기를 갖고 있지 않습니까? 이리로 가져와서 나로 먹게 하시오. 나는 여행이 끝났소!"라고 말합니다.

이와 같이 그리스도 역시 이 땅에 오신 것은 그가 황제 아우구스투스의 왕국에 개입하여 그가 어떻게 지배해야 할지를 가르치시려고 한 것이 아닙니다. 하지만 그는 세상 정부와 구유를 사용했는데, 그가 보내진 목적의 직무를 성취할 때까지 그랬습니다. 그래서 바울은 고린도전서 7장 29~31절에서 가르칩니다. "…이후부터 아내 있는 자들은 없는 자같이 하며, 우는 자들은 울지 않는 자 같이 하며, 기쁜 자들은 기쁘지 않은 자 같이 하며, 매매하는 자들은 없는 자같이 하며, 세상 물건을 쓰는 자들은 다 쓰지 못하는 자 같이 하라. 이 세상의 외형은 지나감이니라."

이것은 다음과 같은 의미입니다. 즉, 그리스도인들이 노력하는 목표는 이 땅 위에 있는 것도, 결혼하는 것도, 먹고 마시는 것도, 즐거워하는 것도, 사고파는 것도 아닙니다. 비록 이러한 것들이 마치 손님처럼 한두 시간을 위해 육신에게 필요할지라도 말입니다. 이러한 모든 것들은 언젠가 중단됩니다. 하지만 그때에도 영원히 머무르고 남게 되는 것이 있는데, 이것이 바로 그리스도인들이 추구하는 목표입니다.

세상 왕국과 영적인 왕국의 차이

이러한 차이에 우리는 유념해야 합니다. 세상 왕국의 마지막 목표는 한시적인(현세의) 평화입니다. 기독교 교회의 마지막 목표는 이 땅 위에서의 평화와 평안, 아름다운 집, 재산, 권력과 명예가 아니라 영원한 평안입니다.

세상 정부는 내가 복되게 죽고 영원히 사는 방법에 대해 신경 쓰지 않습니다. 또한 죽음에 대항해서도 우리를 도울 수 없습니다. 오히려 세상 정권 역시 죽음에 참여해야만 하며, 결국 나를 뒤따라 죽어야만 합니다. 죽음은 가장 가난한 거지에게 오는 것과 똑같이 세상 권력에도 옵니다. 국가의 정부는 이러한 현세의 헛된 삶에 기여하지만, 이러한 현세의 삶이 중단되면 비로소 기독교 교회의 정부가 바르게 시작됩니다. 슬픔에 차고 두려움 속에 있는 기독교 교회의 양심에게, 그리스도에 의해 획득되고 그리스도에 의해 교회에 명령된 보물이 전파되어야 합니다. 그 보물은 바로 죄의 용서와 영원한 평안입니다. 이것이 기독교 정부가 추구해야 하고 얻도록 노력해야 할 마지막 목표입니다.

그리스도의 나라

이 복음에서의 다른 부분은 천사의 설교입니다. 이것 역시 이 복음에 있는 중심 말씀이요, 그리스도의 나라는 세상의 나라와 완전히 다름을 분명하게 보여줍니다. 왜냐하면 우리의 사랑하는 주 그리스도가 세상의 왕이고자 했다면, 예루살렘에서 안나스와 가야바 같은 제사장들, 혹은 다른 많은 사람들이 와서 그의 탄생에 관하여 다음과 같이 설교하고 찬양했을 것이기 때문입니다. "지극히 높은 곳에서는 하나님께 영광이요!" 그런데 그의 출생 때 온 것은 하늘의 영들과 하나님의 거룩한 천사들, 그러한 왕국에 속해 있는 제후들뿐입니다. 이 하늘의 제후들은 그들의 눈을 세상으로 돌린 것이 아니라, 마구간에서 태어나 구유에 누워 있는 왕에게 돌렸습니다. 이로써 그들이 보여준 것은, 이 왕은 황제 아우구스투스나 헤롯왕이 지배하는 것과 같은 그러한 왕국을 가지신 분이 아니라는 점입니다. 오히려 그리스도 왕국은 이런 왕국 위에 존재하는 것으로 하나님 자신이 왕이자 주인이요, 그 안에는 오직 천사와 거룩한 사람들만이 있는 곳입니다.

또한 여기에서 중요한 것은 이 왕의 나라에 속하는 사람들의 유형입니다. 그들은 바로 상심한 마음들과 절망 가운데 있는 사람들입니다. 세상 왕국을 추구하고 권력과 통치권을 찾으려고 애쓰는 사람들은 이 나라에 속하지 않았습니다. 그리스도인이 세상의 정부일 수 있고 지역과 사람들을 지배할 수 있다는 사실은 참된 사실입니다. 그러나 그가 이것을 행하는 것은 하나님께 대한 순종에서, 그리고 기독교의 사랑에서입니다. 그는 자신의 직업을 계속 수행하고 세상에서 자신의 정부를 섬깁니다. 그러나 그는 집의 하인 같은, 그리고 여관의 손님 같은 태도를 취합니다. 다윗이 시편 39편 13절에서 자신이 비록 왕일지라도 "나는 네게 손님이고⋯."라고 말하듯이 말입니다. 하지만 이 세상의 권력과 지배를 얻으려고 노력하고 추구하는 자들은 여기 이 왕의 나라에 속하지 않았습니다. 여기에 속해 있는 자들은 오직 가난하고 궁핍한 사람들입니다. 그들을 위해 이 왕이 이 땅에 오신 것입니다. 그러므로 그의 나라는, 놀라고 슬픔에 빠지고 불쌍한 사람들을 위한 것입니다.

이러한 이유 때문에 천사들이 위대한 광채를 가지고 훌륭한 모습으로 온 것인데, 이 광채가 목자들을 커다란 두려움에 빠지게 했습니다. 이것은 다음 사실이 진실임을 계시하기 위함입니다. 즉, 커다란 부와 권력과 지위를 얻으려고 하지 않는 단지 불쌍하고 슬픔에 빠진 사람들에게 이 왕의 나라가 임한다는 사실입니다. 그들은 이 세상의 재산, 권력 등이 자신의 소유가 되면 사용합니다. 마치 그들의 왕 그리스도가 기저귀, 우유, 구유를 사용하신 것처럼 말입니다. 그러나 그들은 그것을 얻으려고 노력하거나 추구하지 않고, 영원한 평화와 영원한 삶이 있는 영원한 나라를 바라봅니다. 이것이 본문이 의미하는 바입니다.

목자들은 매우 두려워했습니다. 천사들이 그들에게 매우 밝은 광채로 왔기 때문입니다. 빛이 깜깜한 밤에 비치되, 마치 하늘이 불과 같았습니다. 목자들은 그것이 번개라고밖에는 생각할 수 없었습니다. 이를 통해 알 수 있는 사실은, 이 왕은 공포와 두려움 속에 있는 사람을 위해 태어났고 이러한 사람들만이 그의 나라에 속한다는 것입니다. 그런 이들에게 우리는 또한 천사가 가난하고 놀란 목자들에게 설교했듯이 다음과 같이 설교해야 합니다. "보라, 내가 너희에게 큰 기쁨을 전하노라!"

천사가 전한 기쁨

그렇다면 그것은 어떤 기쁨일까요? 천사가 "보라, 내가 너희에게 모든 백성에게 미칠 큰 기쁨을 전하노라."라고 말하는 것을 들으시기 바랍니다. 이것은 마치 그가 다음처럼 말하기를 원하고자 하는 것과 같습니다. "이러한 기쁨은 모든 백성에게 제공되었으나, 이러한 기쁨에 참여할 권한이 있는 사람은 오직 낙담한 양심과 슬픔에 빠진 마음뿐입니다. 이러한 사람들이 나에게 속해 있고 내 설교에 속해 있는데, 이들에게 나는 좋은 것을 선포하고자 원합니다." 이러한 기쁨이, 양심의 불안이 가장 큰 곳에 가장 가까이 있다는 것은 얼마나 놀라운 일입니까? 인간의 마음으로는 너무 높아서 붙잡거나 수용하기에 힘들 정도로 그렇게 훌륭하고 사랑스럽고 달콤한 기쁨이 공포와 두려움에 처해 있는 인간에게 온다는 것은 얼마나 놀라운 일입니까? 목자들에게 그러한 아름다운 빛과 광채가 찾아옵니다. 그 앞에서 세상 모든 어둠이 물러나게 됩니다. 그럼에도 불구하고 목자들은 두려워했고 매우 놀랐습니다. 기쁨을 두려워하고 그러한 아름다운 빛을 무서워해야만 합니까? 말씀에 쓰여 있기를, 목자들은 그들 주위를 비춘 주님의 광채를 두려워했습니다.

하지만 천사가 말한 것을 더욱더 주목하여 확고하고 분명하게 이해하시기 바랍니다. 베들레헴에 태어난 그리스도는 끔찍한 슬픔이 아니라, 놀란 마음이 원하고 바랄 수 있는 큰 기쁨이며 위로의 소식인 것입니다. 세상은 돈과 물질, 권력과 명예를 가지게 되면 기뻐합니다. 그러나 비참하고 슬픔에 잠긴 마음에는 은혜의 하나님이 오셔서 평안과 위로를 주십니다. 다른 어떤 것도 그것을 대신할 수 없습니다. 슬픈 마음에 평안과 평화를 갖게 하는 이러한 기쁨은 위대합니다. 모든 세상의 기쁨은 이것에 비하면 악취를 풍기는 것에 불과합니다. 그러므로 마치 천사가 여기에서 설교한 것처럼, 우리는 가난한 양심들에게 다음과 같이 설교해야만 합니다. "너희 불행하고 슬픔에 잠긴 마음을 가진 모두는 내게 귀를 기울이라, 내가 너희에게 기쁜 소식을 가져다줄 것이다. 너희들은 그리스도가 너희에게 분노하신다고 생각하지 말라. 왜냐하면 그가 이 땅에 오시고 인간이 되신 것은, 그가 너희를 지옥에 빠뜨리기 위해서가 아니기 때문이다. 더구나 그는 너희를 지옥에 던지기 위해 십자가를 지시고 죽으신 것도 아니다. 오히려 그는 너희가 그 안에서 커다란 기쁨을 얻도록 하기 위해서 이 땅에 오신 것이다."

큰 기쁨이신 그리스도

이것이 올바른 정의요 결정입니다. 만일 당신이 그리스도를 바르게 규정하고 그가 어떤 존재인지를 본질적으로 기술하고자 한다면, 천사가 여기서 그를 소개하고 있는 것에 주목하기 바랍니다. 즉, 그는 '큰 기쁨'이라고 불리십니다. 누가 이러한 규정을 잘 배우고 확고하게 이해할 수 있을까요? 인간의 마음은 그리스도가 자신의 바른 이름, 즉 '큰 기쁨'으로 불리신다는 사실을 스스로는 믿을 수 없습니다. 이러한 규정을 하되, 마음속에서 그리스도를 순수한 기쁨 외에 다른 어떤 것으로 묘사하지 않는 자들은 그의 바르고 참된 제자인 것입니다. 만일 첫 세상이 홍수에 의해 사라지고, 소돔과 고모라가 유황과 불로써 파괴되고, 하나님의 진노와 심판의 무서운 예들과 유사한 것들이 더 많이 있음을 이들이 곧 듣게 된다면, 그들은 다음과 같이 말할 것입니다. "이 모든 것은 제 갈 길을 갔다. 그러나 나는 그리스도가 누구인지를 알고 그의 바른 이름이 '커다란 기쁨'임을 믿는다."

그러한 것들을 천사는 이 설교에서 기꺼이 우리에게 가르치고자 원했던 것입니다. 이는 모든 슬픔에 잠긴 마음과 두려움 속에 있는 양심들이 그리스도에 대한 바른 모습을 인식하고 이해할 수 있도록 하기 위해서입니다. 그리스도는 노하여 바라보는 곳에서 세상을 홍수로 수

장시키고 왕들과 폭군들을 굴복시키십니다. 그러나 여기 말씀에서 그는 노하여 보시는 것이 아니라 친절하고 사랑스럽게 보시며 '큰 기쁨'이라고 불리십니다. 누구에게 도움이 되는 것입니까?

모든 슬픔에 잠긴 마음들에게입니다. 이것은 우리가 더욱 주목해야 하는 본문으로서, 이를 통해 우리는 슬픔과 시련 속에서 위로를 받을 수 있습니다. 두려움과 시련이 없는 사람은 이 구원자를 필요로 하지 않습니다. 하지만 두려움과 공포 속에 있는 가련한 죄인들은 구원자가 필요합니다. 이들을 도울 수 있는 유일한 분은 바로 구원자, 오늘 베들레헴에 태어나신 주 그리스도이십니다.

유일한 구원자 그리스도

그러므로 우리는 천사를 그의 설교와 함께 바르게 이해하고, 그를 거짓말쟁이로 만들어서는 안 됩니다. 왜냐하면 그는 그리스도에게 바른 (그에게만 어울리는) 이름을 주기 때문입니다. 그리스도는 유일한 구원자이십니다. 마지막 날에도 그는 살아 있는 자들과 죽은 자들을 심판하시기 위해 오실 것이며, 그가 비로소 전적으로 참된 돕는 자로서 우리에게 도움을 주시며 우리를 악마와 죽음과 이 수치스러운 삶에서 구원하실 것입니다. 만일 그가 마지막 날에 오시지 않는다면 그는 바른 구원자가 아닐 것입니다. 그러나 그는 마지막 날에 오실 것인데, 이는 그가 바른 구원자로 스스로 입증하기 위해서입니다. 또한 그를 기뻐하는 자들을 심판하시기 위해서가 아니라 그를 비방하고 박해하는 자들을 심판하고 벌주기 위해서입니다. 그가 오셔서 그리스도의 유산을 깨뜨린 자들과 논쟁하실 것입니다. 우선 악마와, 그다음으로는 우리를 괴롭히는 이 세상의 폭군, 악한 농민들, 시민, 귀족들과 그렇게 하실 것입니다.

그러므로 그리스도는 자신이 원하는 곳, 말구유에 또는 하나님 우편에 계십니다. 그는 주님 또는 심판자로 불리십니다. 우리가 신앙고백에서 그에 관해 고백하는 것처럼, 그는 언제나 구원자이십니다. 왜냐하면 그가 행하신 일 모두, 그리고 앞으로 행하실 모든 일이 우리에게 해당되며 우리가 구원받도록 하기 위한 것이기 때문입니다. 하나님, 우리에게 은혜를 주셔서 우리가 그것을 이해하고 간직할 수 있도록 도와주소서. 아멘.

2. 성탄절 두 번째 설교

(1531년 12월 26일에 교회에서 행한 설교)

이사야 9:1~6

전에 고통 받던 자들에게는 흑암이 없으리로다 옛적에는 여호와께서 스불론 땅과 납달리 땅이 멸시를 당하게 하셨더니 후에는 해변 길과 요단 저쪽 이방의 갈릴리를 영화롭게 하셨느니라 흑암에 행하던 백성이 큰 빛을 보고 사망의 그늘진 땅에 거주하던 자에게 빛이 비치도다 주께서 이 나라를 창성하게 하시며 그 즐거움을 더하게 하셨으므로 추수하는 즐거움과 탈취물을 나눌 때의 즐거움 같이 그들이 주 앞에서 즐거워하오니 이는 그들이 무겁게 멘 멍에와 그들의 어깨의 채찍과 그 압제자의 막대기를 주께서 꺾으시되 미디안의 날과 같이 하셨음이니이다 어지러이 싸우는 군인들의 신과 피 묻은 겉옷이 불에 섶 같이 살라지리니 이는 한 아기가 우리에게 났고 한 아들을 우리에게 주신 바 되었는데 그의 어깨에는 정사를 메었고 그의 이름은 기묘자라, 모사라, 전능하신 하나님이라, 영존하시는 아버지라, 평강의 왕이라 할 것임이라.

금처럼 빛나는 말씀

오늘 우리는 정말 금처럼 빛나는 말씀을 듣습니다. 선지자가 탁월하고 훌륭한 말로 그리스도가 어떤 존재이고 어떤 주님이신지 묘사하고 있기 때문입니다. 즉, 그리스도는 자신(그리스도)을 믿는 저와 여러분과 우리 모두를 짊어지시고 우리의 모든 죄, 곤궁함, 괴로움을 다 감당하셨습니다. 그리스도는 우리를 위해 이 땅에 오셔서 우리의 죄를 스스로 짊어지시고 십자가를 지셨습니다. 베드로전서 2장 24절이 말하는 것처럼 말입니다. "친히 나무에 달려 그 몸으로 우리 죄를 담당하셨으니 이는 우리로 죄에 대하여 죽고 의에 대하여 살게 하심이라." 그런데 그리스도는 그때에만 그렇게 행하신 것이 아닙니다. 여전히 날마다 말씀과 복음을 통하여 우리를 짊어지십니다.

영적인 왕국과 육적인 왕국

따라서 영적인 왕국과 육적인 왕국은 뚜렷이 구분됩니다. 세상(육적인) 왕국이라 불리는 이유는 우리가 주인과 왕을 짊어지기 때문입니다. 세상에는 억압받고 강요받는 자들이 필요하고 또한 그것은 부득이한 일입니다. 이와 대조적으로 영적인 정부와 그리스도의 나라가 그렇게 불리고 존재하는 이유는, 주인과 왕이 오히려 우리를 짊어지기 때문입니다. 이 세상의 야만적이고 거친 무리에게는 주인에게 시달리고 주인을 무서워하고 또한 그 주인을 짊어지는 것이 필요하듯이, 슬픔에 빠진 마음과 낙담에 빠진 양심에게는 무거운 짐과 고통에서 해방되는 것이 필요합니다. 이것이 두 왕국의 커다란 차이입니다.

세상 왕국에서는 수천의 사람이 하나의 지도자, 즉 세상의 왕과 주인을 짊어져야 합니다. 그러나 영적인 왕국에서는 한 우두머리이자 왕인 그리스도가 수많은 사람들을 짊어지십니다. 맞습니다. 그는 온 세상의 죄를 짊어지십니다. 이사야 선지자는 이를 두고 "여호와께서는 우리 모두의 죄악을 그에게 감당시키셨도다."(사 53:6)라고 말했으며, 또한 세례 요한은 "보라 세상 죄를 지고 가는 어린 양이로다."(요 1:29)라고 말했습니다. 그리고 그는 오늘 자신에 대해 은혜와 자비의 왕이라고 설교하도록 하십니다. 이것이 오늘 말씀에 있는 예언 부분입니다.

왕의 여섯 가지 이름

그다음으로 여섯 가지 이름이 나오는데, 이것은 선지자가 이 왕에게 붙여준 이름입니다. 이 이름으로 이사야는 그분의 왕국이 어떠한지를 묘사하고 있습니다. 이사야는 그 왕에 대해 자신의 왕국을 자기 어깨 위에 짊어지는 주인이요 왕이라고 묘사합니다. 그러나 그는 이제 여섯 가지 이름으로 거룩한 기독교 교회의 모양과 색깔이 어떠한지를 우리에게 가르칩니다. 만일 여러분이 기독교 교회를 바르게 묘사하고자 원한다면, 그리스도가 기독교 교회를 자신의 어깨 위에 메고 있으며 기독교 교회를 짊어지신다고 묘사하기 바랍니다. 하지만 그리스도가 자신의 교회를 어떻게 짊어지고, 또 교회가 어떻게 그리스도에게 짊어지게 되는지는, 그의 이름과 첫 번째 사역이 '기묘자-모사'라는 사실에서 알 수 있습니다.

기묘자-모사

그는 기묘자-모사라고 불리십니다. 그리스도가 기묘자-모사라고 불리시는 것은, 그가 거룩한 기독교 교회에 행하신 사역 때문입니다. 그리스도는 기독교 교회를 다스리시되, 사람들이 이성으로는 그것이 기독교 교회라는 사실을 이해할 수도, 알 수도 없는 방식으로 행하십니다. 그는 기독교 교회를 어떤 장소나 사람과도 연관시키지 않으십니다. 즉 교회를 어떤 외적인 것, 가령 옷이나 외모에서 인식할 수 있도록 하지 않으셨습니다. 그러므로 교회가 어디에 있고 얼마나 크고 작은지는 누구도 근본적으로 알 수 없는 것입니다. 당신이 기독교 교회를 발견하고 싶다면, 그것은 오직 그리스도의 어깨 위에 놓여 있음을 기억하기 바랍니다. 당신이 그것을 이해하고자 한다면, 당신은 눈과 모든 감각을 열어 여기서 선지자가 그것을 어떻게 부르고 묘사하는지 귀 기울여야만 합니다.

그의 교회는 세상 앞에서, 악마 앞에서, 그리고 또한 우리 자신 앞에서 저주받은 백성입니다. 만일 그러한 모습이 단지 세상과 악마 앞에 서였다면 참을 수 있고 그런대로 괜찮을 수 있습니다. 그러나 그것이 우리의 눈앞에서도 그렇게 보이는 것은 극복하기 어려운 일입니다. 악마는 종종 그리스도인의 눈을 세례, 성만찬, 그리스도의 말씀에서 돌이키게 하여, 그리스도인 자신이 마치 하나님에 의해 버려졌다고 생각하여 괴로워하도록 하는 특별한 기술을 갖고 있습니다. 다윗이 시편 31편 23절에서 이러한 내적인 두려움과 공포에 관하여 "내가 놀라서 말하기를 주의 목전에서 끊어졌다 하였사오나"라고 탄식한 것처럼 말입니다.

죄인이지만 의인이다!

눈앞에 보이는 기독교 교회가 교회로, 눈앞에 보이는 내가 그리스도인으로 보이지 않는 것은 우리의 교만 때문입니다. 우리가 알고 믿어야 할 사실은, 눈앞에 보이는 교회는 거룩한 교회이고 나는 그리스도인이라는 것입니다. 또한 교회와 우리는 모두 두꺼운 덮개로 덮여져 있고 세상 모두에 의해 이단적이고 악마적인 것으로 욕을 먹고 있다는 사실을 알아야 합니다. 나는 내 마음이 나에게 말하는 "너는 죄인이다."라는 소리를 들어야 합니다. 두꺼운 덮개, 즉 죄, 죽음, 악마, 세상이 교회와 그리스도인들을 덮고 있어, 어느 누구도 교회와 그리스도인을 바르게 볼 수 없습니다. 사람들은 오직 죄와 죽음을 봅니다. 그래서 우리 그리스도인은 오직 악마와 세상의 비방을 듣게 됩니다. 여기에는 세상과 그리고 내게 대항하는 세상에 있는 지혜롭고 영리한 모든 것이 있습니다. 하지만 나는 다음 사실에 굳게 서서 말해야 합니다. "나는 그리스도인이고, 나는 의롭고 거룩하다."

이제 나는 여기에 대해 뭐라고 말해야 합니까? 오직 이 말씀뿐입니다. 즉, 나를 위해 태어나시고 나에게 주어진 나의 주 예수 그리스도는 기묘자-모사라 불리신다는 말씀입니다. 이분은 자신의 교회와 그리스도인들을 기이하게 다스리셔서, 이들이 의롭고 거룩하고 지혜롭고 순수하고 강하고 생동력 있는 자들이 되게 하십니다. 비록 모든 세상 앞에서뿐만 아니라 우리 자신의 눈앞에서 이와 정반대로 보인다고 할지라도 그렇습니다. 그렇다면 우리가 그러한 외관을 극복하기 위해, 우리는 무엇을 고집해야 합니까? 바로 말씀입니다. 마치 그리스도가 말씀을 그분 자신 안에서 진기하고 기이하게 만드신 것처럼 말입니다.

그리스도는 영원한 생명이신 아버지에게 가기 원하기 때문에 죽음으로 향하셨습니다. 그는 죄와 죽음과 악마를 붙잡기 원하기 때문에 이것들이 자신을 덮치도록 하시고, 이것들이 자신을 고소하고 비방하고 저주하고 목 졸라 죽이게 내버려 두신 것입니다. 따라서 우리 역시 우리 마음의 눈을 열어, 우리 자신을 외적인 모양에 따라서가 아니라 말씀에 따라 판단해야 합니다.

그리스도인의 거룩함

그러므로 나는 다음과 같이 말해야 합니다. 즉, 내 자신의 의 때문이 아니라 거룩한 세례 때문에, 거룩한 성례 때문에, 말씀 때문에, 내가 믿는 주 그리스도 때문에 나는 그리스도인들과 나 자신을 거룩한 것으로 간주합니다. 만일 내가 세례 없이, 성례전 없이, 말씀 없이 나 자신을 바라보면, 나는 순전히 죄와 불의만을 발견하며 심지어 끊임없이 나를 괴롭히는 악마 자체를 발견합니다. 이와 마찬가지로 내가 세례 밖에서, 성례전과 말씀 밖에서 당신들을 바라볼 때 나는 당신들에게서 어떤 거룩함도 보지 못합니다. 만일 여러분이 여기 교회 안에 있어 하나님의 말씀을 듣고 기도할지라도, 여러분은 말씀과 성례전 밖에서는 거룩하지 않은 것으로 간주됩니다. 그러므로 외적인 모습이 아니라 세례 받고 하나님의 말씀을 즐겨듣고 그리스도를 믿고 있다는 사실이 유효하고 중요합니다. 이것이 올바른 표시이며, 이를 통해 나는 그가 올바른 그리스도인이고 거룩한 사람이라는 사실을 깨닫습니다.

외적인 모습과 용모는 쓸모없습니다. 복음만이 순수하게 설교되는 곳에서, 거룩한 성례전이 올바르게 행해지는 곳에서, 그리고 각자가 자신에게 명령된 직임과 일을 자신의 신분 안에서 수행하는 곳에서, 우리는 분명히 하나님의 백성과 올바른 그리스도인들을 발견합니다. 그러므로 당신은 외적인 모습을 표준으로 삼지 말고 말씀을 표준으로 삼기 바랍니다. 만일 당신이 외관을 목표로 삼고 말씀을 목표로 삼지 않는다면, 당신은 분명 실패할 것입니다. 그 이유는 무엇입니까? 그리스도인에게서 우리는 다른 사람과 외적으로 차이가 나는 특별한 것을 발견하지 못하기 때문입니다. 아니, 비기독교인과 이교도들이 종종 그리스도인보다 더 예의 바른 행동과 존경스러운 모습을 보이는 경우가 있습니다. 외적인 모습과 외관은 속일 수 있습니다.

어떤 여인이 거룩한가?

그러므로 우리는 그리스도의 교회를 바르게 알아야 하고, 외적인 모습이 아니라 말씀을 바라보아야 합니다. 세례 받은 여인, 복음을 듣는 여인, 그리스도를 믿는 여인, 남편을 가진 여인, 어린아이를 기르는 여인, 주어진 자신의 직무를 행하는 여인은 거룩합니다. 비록 그녀의 거룩함을 눈으로 직접 보지 않을지라도 말입니다. 제가 육적인 눈으로, 그녀가 하나님 앞에서 받은 세례를 볼 수 있거나 그녀가 마음속에 모시고 있는 그리스도에 대한 그녀의 믿음을 볼 수 있기 때문이 아닙니다. 오히려 그녀가 집에서 생활하며 아이들을 깨끗하게 씻기고, 실을 뽑고 옷을 꿰매고 요리를 하는 것을 보기 때문입니다. 따라서 그녀에게서는 어떤 특별한 것도 보이지 않습니다. 어느 누구도 그러한 여인이 그리스도인이고 거룩한 존재임을 보지 못합니다. 그러나 그녀가 복음에 머물고 그리스도에 대한 믿음 안에 머물며 그녀의 맡겨진 임무를 신실하게 수행한다면, 그녀는 거룩하며 기독교 교회의 구성원입니다. 이것은 그녀의 경건 때문이 아니라 세례 때문이고, 그녀가 마음속에 갖고 있는 복음 때문이고, 그녀의 마음속에 거주하시는 주 예수 그리스도 때문입니다.

그러므로 우리는 외적인 모습에 현혹되지 말고, 세례 받고 마음에 그리스도에 대한 믿음을 가지고 모든 신분과 직업에서 요구되는 것처럼 일반적인 일들에서 외적으로 행하는 것이 기독교 교회임을 배워야 합니다. 그렇게 우리는 기독교 교회를 바라보고 인식해야 합니다. 기독교 교회를 그렇게 보는 사람은 패배하거나 잘못된 길로 갈 수 없습니다. 하지만 그러한 인식을 세상과 모든 이성은 결여하고 있습니다. 그 결과는 길을 잃고 잘못된 길로 가는 것뿐입니다.

교회에 행하시는 그리스도의 놀라운 일

그리스도는 이제 기묘자-모사라고 불리십니다. 왜냐하면 그가 자신의 기독교 교회에서 행하시는 모든 것이 놀랍고 기이하기 때문입니다. 이미 말한 것처럼, 기독교 교회는 모든 이성에는 감추어져 있는 놀라운 의이고 거룩입니다. 하지만 기독교 교회가 십자가에게로 가면, 그것은 더욱 놀랍고 기이한 것이 됩니다. 왜냐하면 세례 받고 그리스도를 고백하는 그리스도인은 그리스도와 복음을 위하여 세상에서 고난과 박해를 받아야 하기 때문입니다. 이것은 세상 앞에서는 마치 그가 하나님에게 버림받은 것처럼 보이지만, 그리스도인은 마음속으로 이성에 따라 생각하지 않습니다. 그리스도는 그의 교회를 십자가, 박해, 모든 종류의 분노로 덮으시는데, 이것은 세상 모두를 웃음거리가 되게 하시기 위해서입니다. 이때 다시 한 번 이성에 따라 생각하면 이 점을 더더욱 이해할 수 없게 됩니다. 그러나 그리스도인은 말씀을 붙잡고 다음과 같이 생각합니다. '비록 내가 무시 받고 박해를 받더라도, 나는 세례를 받았고, 복음을 소유하고 있고, 그리스도를 믿고 있다. 나의 세례, 복음, 내 마음에 있는 그리스도를 크게 주시한다면 결국 나는 세계 전체를 부서진 파편으로 간주하게 될 것이다.'

복음과 믿음의 열매들

그리고 다음 사실은 분명 진실입니다. 즉, 복음과 그리스도를 마음에 갖고 있는 사람은 하나님 앞에 의를 갖고 있는 것입니다. 그가 비록 온 세상의 죄들을 모두 갖고 있다고 할지라도, 그 죄들은 마치 바다 전체의 물 한 방울이나 우주 전체의 작은 먼지에 지나지 않습니다. 우리가 하나님 말씀을 바라보고 그것에 매달리는 것은 결코 사소한 일이 아닙니다. 아니, 오히려 그것은 위대한 일입니다. 그래서 비록 기독교 교회가 세상 앞에서 의롭고 거룩한 외모를 갖고 있지 않을지라도, 그리고 또한 십자가와 분노로 덮여 있다고 할지라도, 기독교 교회는 이젠 의롭고 거룩합니다. 어느 누구도 교회의 의와 거룩함을 믿음으로 충분하게 규명하거나 이해할 수 없습니다. 물론 인간의 이성으로 그것을 규명하거나 이해할 수 없는 것은 두말할 나위 없습니다. 기독교 교회와 그리스도인들을 인식하고자 하는 사람은 이것들을 말씀에서, 복음에서, 믿음에서, 복음과 믿음의 열매들에서 인식해야 합니다. 만일 당신이 복음을 가지고 있고 세례를 받았고 그리스도를 믿고 있다면, 당신은 그리스도인이고 거룩합니다. 당신이 믿은 후에 변화하여 당신의 결혼을 유지하게 되고 아버지와 어머니를 존경하게 된다면, 이것들이 바로 복음과 믿음의 열매들입니다.

하지만 때때로 죄를 범하는 일이 있다고 해도 너무 집착하지 마십시오! 당신의 세례를 기억하기 바랍니다. 복음에 매달리기 바랍니다. 용서함을 받기 바랍니다. 성례전을 받기 바랍니다. 그리고 다음과 같이 말하기 바랍니다. "내게 악한 생각들이 침입했다. 나는 길을 잘못 들었다. 여기저기서 불의를 행했다. 그러나 나는 세례를 받았고, 말씀을 갖고 있고, 사죄를 받았고, 거룩한 성례를 갖고 있다. 이러한 것들이 내게는 모든 피조물과 함께 세상 어떤 것보다도 더 커다란 거룩이다. 그리스도 예수는 나의 가장 관대하고 자비로우신 대변자이셔서, 비록 모든 악마가 나를 놀라게 하고자 할지라도 그들은 그리스도에 비하면 작은 불꽃만도 못하다."

기독교 교회에 대한 바른 인식
이러한 사실로부터 우리는 왜 그리스도가 기묘자—모사라 불리시는지 알게 됩니다. 즉, 그는 기독교 교회에서 행하는 모든 것을 우리의 눈에서 그리고 이성과 감각에서 빼내 그의 말씀 안에 감추시기 때문입니다. 교회가 그리스도 안에서 갖고 있는 모든 것, 즉 의, 거룩함, 지혜, 힘, 삶, 축복은 이성으로는 납득할 수 없으며 세상에 감춰져 있습니다. 만일 당신이 교회를 이성에 따라 그리고 외적인 모습에 따라 판단하고자 한다면 그것은 잘못입니다. 왜냐하면 거기서 당신은 죄로 가득한, 결함이 있는, 겁내고 있는, 슬픔에 잠긴, 불행한, 박해받는, 추방된 사람들을 보게 될 뿐이기 때문입니다. 그러나 만일 당신이 그들이 세례 받았고 그리스도를 믿고 있고 올바른 열매로써 그들의 믿음을 증명하고 십자가를 인내와 소망 속에서 짊어지고 있음을 주목한다면, 그것은 옳은 일입니다. 왜냐하면 그것이 바로 우리가 기독교 교회를 인식할 수 있는 바른 빛깔이기 때문입니다.

이성은 세례를 단순한 물로 보며 말씀을 담화로 봅니다. 그러므로 이성은 기독교 교회를 알 수 없습니다. 세례와 말씀을 그렇게 하찮게 보기 때문에 기독교 교회를 발견할 수도 없습니다. 그러나 우리 그리스도인들은 세례와 말씀을 귀하게 평가해야 하며, 반대로 세상의 것은 무가치한 것으로 간주해야 합니다. 만일 우리가 그렇게 행한다면 우리는 기독교 교회를 인식할 수 있고 또한 우리 자신을 스스로 위로할 수 있습니다. 또한 다음과 같이 말할 수 있습니다. "내 안에서 나는 죄인이다. 하지만 그리스도 안에서, 세례 안에서, 말씀 안에서, 나는 거룩하다."

그렇게 하여 우리는 기묘자—모사라는 이름을 우리에게 유익하게 사용해야 합니다. 우리가 외적인 모습에 기만당하지 않도록 말입니다. 또한 그것은 우리에게 매우 필요합니다. 왜냐하면 세상은 그런 일을 허락할 수 없을뿐더러, 또한 기독교 교회를 외적으로, 즉 외모와 모습으로 묘사하려고 하기 때문입니다. 그러나 교회는 이미 말씀드린 것처럼 복음, 말씀, 세례, 성례, 믿음, 그리고 믿음의 열매 외의 것으로 묘사되는 것을 허락하지 않습니다. 세례는 참된 하얀색이요, 말씀과 믿음은 하늘에 있는 찬란한 푸른색입니다. 복음과 믿음의 열매들은 다른 다양한 색인데, 이것으로 우리는 각각 자신의 신분과 직업에서 우리 자신을 가꾸게 됩니다.

IV. 루터의 대강절·성탄절 설교 묵상

1. 루터가 우리에게 말하는 세례의 의미

세례가 그리스도인에게 주는 의미는 무엇일까? 세례는 거듭남을 의미한다. 죄인인 우리는 세례를 통해 죽고, 하나님의 은혜 가운데 다시 살아나게 된다. 바로 세례를 통해 우리의 죄가 씻겨지는 것이다. 죄인이었던 우리가 세례를 통해 그리스도의 앞에 서게 되고, 그리스도가 세례를 통해 우리를 그의 자녀로 받아들여주신다. 그러므로 세례를 받은 우리는 우리의 이마와 마음에 그리스도의 이름을 새기고 살아가야 할 의무를 가진다. 이때 세상 사람들은 우리를 '그리스도인'이라고 부른다.

> "왜냐하면 세례를 통하여 우리는 죽었으며, 그때 우리에게 다음과 같이 말해졌기 때문입니다. '지금까지 아담의 자손이었으며, 한스, 베드로, 바울이라 불리는 인간아, 너는 이제 더 이상 단지 인간이 아니라 그리스도인이라 불려야 한다.'"

그런데 우리는 세례만 받으면 무조건 주의 자녀가 되고 그리스도인이라고 불려진다고 믿는다. 과연 그럴까? 단지 세례만 받으면 무조건 구원을 받는 것일까? 루터는 이에 대해 "아니오."라고 단호히 말한다. 만일 형식적으로 세례를 받는다면, 그것은 그리스도의 자녀가 되는 것도 아니요 그리스도인이 되는 것은 더욱 아니라고 말한다. 그렇다면 세례를 받음에 있어서 무엇이 중요할까? 루터에 의하면 세례는 세례를 받는 자의 믿음이 중요하다고 말한다. 왜냐하면 믿음이 세례를 통해 우리를 그리스도인으로 만든다고 보기 때문이다. 더 나아가 내가 하나님 앞에 온전히 설 수 있고, 하나님을 온전히 만날 수 있고, 하나님과 온전히 대화할 수 있도록 하기 때문이다.

당신은 세례를 받음에 있어서 그리스도를 구주로 고백하는 믿음을 지닌 자인가?

"그리스도인이라 불리는 것은 세례 받고 그리스도의 피와 함께 세례를 통하여 죄로부터 씻겨졌다는 말입니다."

"내 안에서 나는 죄인이다. 하지만 그리스도 안에서, 세례 안에서, 말씀 안에서 나는 거룩하다."

그렇다면 세례에 있어서 가장 중요하게 여겨야 하는 것은 무엇일까? 루터는 바로 '하나님의 약속'이라고 말한다.

"믿고 세례를 받는 사람은 구원을 얻을 것이요 믿지 않는 사람은 정죄를 받으리라"(막 16:16).

바로 이 주님의 약속이 세례의 근거이자 핵심이라고 볼 수 있다. 물론 세례가 구원의 근거가 되는 것은 아니다. 그러나 루터는 세례를 받으면 구원을 얻는다는 사실을 의심해서는 안 된다고 강조한다. 비록 모든 구원의 근거가 세례에 있는 것은 아니지만, 세례는 주님의 약속이라는 사실을 잊어서는 안 된다는 것이다. 루터에 의하면 세례는 곧 주님의 구원의 표징이다.

"예수님은 세례를 통해 구원을 약속하셨습니다!"

그러므로 루터는 세례를 받은 사람이 자신의 구원을 의심하게 되면, 이는 세례 의식에 대한 의심이 아닌 주님의 약속에 대한 불신이라고 규정한다. 그리고 이 의심은 모든 범죄 중에 가장 큰 죄라고 강조한다.

마지막으로, 세례는 단 한 번으로 그 의미가 완성되는 것일까? 물론 세례는 우리의 삶 속에서 단 한 번의 사건이며, 그것으로 구원의 의미가 완성된다. 그러나 세례를 받은 우리에게 주어지는 또 다른 의무가 있다. 그것은 바로 우리가 받은 세례를 늘 기억해야 하는 것이다. 이 말은 세례를 받았던 추억을 기억하고 더듬으라는 말이 아니다. 루터에 의하면 세례가 가지고 있는 본질적 의미인 '하나님의 약속'을 진지하게 회상하며, 우리가 여전히 하나님의 구원 아래에 있음을 기뻐해야 한다는 것이다. 그와 동시에 죄악을 멀리하는 결심을 다시금 하는 것에 있다.

"당신은 세례의 성례가 그 표징에 있어서까지 순간의 문제가 아니라 어떤 영구적인 문제임을 알 것이다. 비록 의식 자체는 곧 마친다고 할지라도 그것이 뜻하는 것은 우리가 죽을 때까지, 실로 우리가 살아 있는 한 부활할 때까지 지속할 것이다."

그리스도인이라 불릴 수 있는 것은 주 예수 그리스도의 이름으로 세례를 받고 그의 피로 씻음을 받았기에 가능한 것이다. 우리가 오직 할 수 있는 것은 바로 그분을 찬양하는 것 외에는 없다.

"호산나, 하나님 찬양을 받으소서."

1. 당신은 세례 받은 자로서 구원에 대한 확신이 있습니까?

2. 당신은 세례 받은 자로서 하나님의 약속을 늘 마음에 상기하며, 삶 속에서 이루어가고 있습니까?

2. 루터가 우리에게 말하는
   죄의 의미

"그리스도를 구세주로 믿고 고백하지 않는 자도 구원받을 수 있을까?"

우리는 위의 질문에 단호하게 "아니오."라고 답할 수 있을 것이다. 그렇다면,

"그리스도를 믿지는 않지만 기본적으로 행실이 바른 사람, 경건한 사람 은 구원받을 수 있을까?"

위의 질문에 대해서는 어떻게 대답할 것인가? 단호하게 "아니오."라 고 대답할 수 있을까? 아마도 어려울 것이다. 왜 그럴까? 그것은 바로 "종교적이고 도덕적인 영역에도 예외적인 '어떤 특별한 것'이 있을 수 도 있지 않을까?" 하는 특별한 유혹 때문이다.

그렇다면 루터는 위의 질문에 대해 어떻게 대답할까? 그는 단호하 게 "아니오."라고 대답한다. 루터는 인간이 선한 일을 한다고 해서 구 원받을 수는 없다고 단호히 말한다.

"우리가 구원받을 수 있는 것은 온전히 하나님 앞에 설 때 가능하다."

루터가 강조하는 하나님 앞에 온전히 선다는 것은 무엇을 의미할까? 그것은 우리가 '죄에 대해 깨닫고, 죄에 대해 생각하고, 죄를 심각하게 여기느냐'와 관련된다. 좀머(W. Sommer)는 이에 대해 다음과 같이 말한다.

"우리의 모든 열정은 우리의 죄에 대하여 심각하고 괴로운 것으로 여기는 것에 모아져야 한다."

루터는 죄에 대해 심각하게 생각하고 이를 괴로워해야 한다고 가르친다. 왜냐하면 인간은 단지 경건과 경건한 행위를 또는 도덕과 도덕적 행위를 그리스도인의 온전한 모습이라고 착각하는 경우가 많기 때문이다. 그렇기 때문에 하나님의 동정을 전혀 필요로 하지 않으며, 오히려 하나님과 자신의 운명 앞에서 스스로를 옹호하고, 스스로를 의롭게 할 수 있다고 생각하기도 한다. 이러한 생각 속에서 죄는 매우 사소한 것으로 치부될 뿐만 아니라 고려할 가치도 없는 것으로 해석된다. 이렇게 우리는 하나님 없이 또는 하나님을 비껴가며 자신의 인생을 완성할 수 있다고 믿기도 한다. 그렇기 때문에 행실이 바른 사람 중에 하나님 없이 또는 하나님을 지나쳐 버리고도 매우 '종교적'이며, '신앙적'이며, '경건히' 살 수 있다고 여기고 이를 삶 가운데에서 시도한다. 그러므로 우리 그리스도인이 잊지 말아야 할 사실은 사람이 아무리 도덕적이며, 아무리 경건하며, 아무리 선할지라도 하나님의 실재를 그 삶에서 진정으로 체험하기는 어렵다는 것이다. 왜냐하면 이 모든 것은 인간의 교만, 그 이상도 그 이하도 아니기 때문이다. 우리가 해야 할 것은 단지 "죄를 심각하게 생각해야 하는 것뿐이다."

그렇다면 죄란 무엇인가? 루터는 원죄를 모든 인간의 근본적인 죄, 세례 이후에도 지속적인 죄의 실제로서 이해하고 있다. 원죄는 불신 앙을 의미함과 동시에 십계명 중 제1계명에 대한 경멸이다. 다시 말해 자신으로부터 비뚤어진 것이요, 하나님이 하나님이라는 것을 마음으로 인정하지 않는 것을 의미한다. 이런 사람은 스스로 죄인이라고 고백하기를 원하지 않는다. 왜냐하면 하나님을 실재로서 기대하지 않는 자기사랑 혹은 이기심을 가지고 있기 때문이다. 이것이 루터가 말하는 인간의 근본적인 죄라고 할 수 있다. 그러므로 루터는 우리가 삶 가운데에서 실제적으로 죄라고 이해했던 것은 개별적인 죄의 행위들, 영원한 죽음을 초래시킬 죄의 행위들 혹은 일상의 '경미한' 죄의 행위들로서, 이것은 엄밀히 말하면 죄의 결과에 속한다고 말한다.

"하나님의 말씀을 업신여기지 말라!"

"죄의 본질에 의하면 모든 죄는 영원한 죽음을 초래시킬 죽을 죄다."

그런데 루터에게 있어서 죄에 대한 고백은 인간이 예비한다고 할 수 있는 것이 아니다. 오로지 하나님의 은혜의 활동을 통해 죄에 대해 고백할 수 있게 된다. 더 나아가 죄에 대한 참 인식은 이미 하나님의 은혜의 활동이 그 안에서 이루어지고 있음을 뜻한다. 그러므로 우리 자신이 죄인이라는 고백은 하나님의 주권에 대한 인정이자 동시에 하나님으로부터 선물 받은 믿음의 열매라고 이해해야 한다. 이것은 괴로운 것이 아니다. 왜냐하면 우리가 이런 믿음을 가졌을 때에 우리는 비로소 하나님을 하나님 되게 할 수 있기 때문이다. 그러므로 죄를 심각하게 생각하고 이를 괴롭게 여기는 것은 죄를 얼버무려 넘기거나, 죄를 숨기거나, 죄를 축소시키거나, 죄를 부인하기 위한 것이 아니라 단지 전적으로 하나님의 뜻에 맡기고 하나님에게서 모든 것을 기대하며 하나님의 은혜로운 창조의 능력 안에서 일하기 위해 하는 것임을 깨달아야 한다.

그렇다면 하나님의 은혜 가운데 죄를 깨달은 우리는 어떻게 되는 것인가? 루터에 의하면 하나님 앞에 자신의 죄를 아는 사람은 이미 의롭다 여김을 받았으며 그 사람 안에서 이미 은혜가 역사하고 있다고 말한다. 이때 의롭다 여김을 받은 사람은 오직 하나님의 영으로 채워진 사람을 의미한다. 그는 자신의 삶 가운데에서 하나님의 실재를 진실로 기대하고 있는 자다. 그럼에도 불구하고 죄로부터 자유롭지는 못하다. 죄를 범할 수 있는 가능성을 그 자신의 깊숙한 어느 곳에 가지고 있다. 그러나 칭의는 여기에서부터 시작된다. 칭의는 자신의 죄를 알 때로부터 시작된다. 이때 잊지 말아야 할 사실은 우리를 의롭게 하는 이는 오직 하나님 한 분뿐이라는 것이다. 우리가 교육을 받거나 심리적인 방법을 통해 이룰 수 없는 것이다. 인간은 바울이나 루터가 했던 것처럼 단지 하나님의 계명, 오류, 약속, 은혜의 행위를 증거할 뿐 그 이상도 그 이하도 할 수 없다.

"어떤 사람이 하나님의 실재를 진실로 기대하고 있는 자인가? 그것은 자신의 죄와 그 죄의 중대함을 잘 알고 있는지 아닌지로 알 수 있다."

"나의 아들아, 안심하고 즐거워하라, 놀라지 말라! 왜냐하면 네가 다음 사실을 알아야 하기 때문이다. 그리스도가 가난한 사람들에게, 즉 곤궁하고 슬픔에 잠긴 마음에게 은혜를 미리 알리고 약속하라고 명령하셨다. 그는 신적이고 영원한 자신의 순결을 너를 위해 제정하고 너를 하나님과 화평하게 하고 네 죄를 깨끗이 씻어내고 용서하기를 원하신다. 그는 이러한 은혜를 네게 말씀을 통해 제공하신다. 그러므로 네가 듣는 것을 의심하지 말라. 네가 그것을 믿기만 하면, 네게서 그것이 일어날 것임이 확실하다."

"믿는 사람에게는 모든 것이 더 나아지지 나빠지지 않는다. 믿지 않는 사람에게는 모든 것이 나빠지지 더 나아지지 않는다."

1. 당신은 스스로 죄인임을 기꺼이 고백하고 있습니까?

_____

2. 당신은 하나님 없는 자기사랑/이기심에 사로잡혀 있지는 않습니까?

_____

3. 당신은 하나님의 전적인 은혜 가운데 의롭다 함을 받은 확신이 있습니까?

_____

3. 루터가 우리에게 말하는
그리스도인의 의미

"그리스도인으로서의 믿음과 그리스도인으로서의 삶은 어떤 것입니까?"

"그리스도인으로서 당신의 믿음과 삶은 일치하고 있습니까?"

위의 두 질문은 매우 답하기 어려울 수 있다. 그러나 그리스도인이라면 마땅히 어떤 대답을 해야 하는지 알고 있을 것이다. '믿음과 삶이 일치하는 삶'이 곧 그리스도인의 삶이 아닐까? 그렇다면 믿음은 무엇을 의미하는가?

루터는 그리스도인의 믿음은 "예수 그리스도로부터 오는 생명(life)"이라고 말한다. 그는 이 생명이 눈에 보이지 않는 내적인 것으로서 받아들여질 때에는 '생명'이지만, 그것이 눈에 보이는 외적으로 나타날 때에는 구체적인 형태를 취하여 '생활'이 된다고 강조한다. 그러므로 루터에게 있어서 믿음은 '생명'과 '생활'이라는 동전의 양면과 같은 의미를 가진다. 그리스도인인 우리가 예수 그리스도를 구주로 고백하고 영생을 선물로 받았다면, 우리의 삶에서 그 선물이 드러나야 하는 것이 당연하다. 이는 곧 믿음과 삶이 일치해야 한다는 것을 의미한다.

> "이생에서 하나님은 우리에게 여러 부분으로 이루어진 몸을 주셔서, 우리가 여기 이 땅 위에서 빈둥거리는 것이 아니라 발로 가고, 손으로 잡고, 입으로 말하고, 눈으로 보도록 하셨습니다. 이 외에도 그는 또한 그의 말씀, 십계명을 주셔서 그의 명예에 위배되는 어떤 것도 하지 않으며 우리의 이웃에 유용하도록 모든 행위를 행하도록 하셨습니다. 복음은 그러한 것을 단지 불러일으킬 뿐만 아니라, 또한 우리가 오직 열심히 행할 것을 바랍니다."

성서에서는 항상 그리스도를 '믿는' 것과 그리스도에 속해 '생활하는' 것을 동적으로 결합하여 말하고 있다. '믿음'은 하나님이 부르실 때, 부름을 받은 자가 그것에 응하여 그의 삶 가운데에서 구체적으로 '사는' 첫걸음을 내딛는 순간부터 시작된다. 다시 말하면 하나님의 부르심에 복종으로 순종하는 것이 믿음의 시작인 것이다. 이에 대해 키에르케고르는 다음과 같이 고백한다.

> "주 예수 그리스도여, … 당신은 스스로 길이고, 생명이십니다. 그리고 당신은 단지 따르는 자만을 구제하시는 것입니다. … 당신에게 따르려고 바라지도 않고, 당신과 닮은 자로 되려고 바라지도 않고, 단지 당신을 찬양함을 바라며, 당신을 예배 속에서만 찬양하기를 바라는 이 과오로부터 저희들을 구해주소서!"
>
> (키에르케고르의 '그리스도교의 수련' 중에서)

그리스도인이 된다는 것은 아주 단순한 것이다. 단지 그리스도를 따르면 되는 것이다. 그리스도를 따른다는 것은 곧 우리의 믿음의 고백이 우리의 삶 가운데 나타나는 것을 의미한다. 그러므로 그리스도인이 된다는 것은 교회 안에서 이루어지는 찬양과 말씀 그리고 교제와 나눔 등을 형식적으로 듣고 참여함을 통해 되는 것이 아니다. 그리스도인이 된다는 것은 적극적인 신앙과 삶의 일치를 의미한다.

> "우리가 왜, 무슨 근거로 그리스도인이라고 불리는지 … 그것은 그리스도에 의해서 우리가 그의 이름으로 세례를 받고 그의 피로 씻음 받았다는 사실 때문이다."

1. 당신은 주님을 따르는 자입니까?

_____

2. 당신의 삶 가운데 신앙의 고백을 보이고 있습니까?

_____

4. 루터가 우리에게 말하는 두 세계의 의미

　우리가 살고 있는 세상은 영적인 세계와 세속적인 세계로 나뉜다. "그리스도인이라면 이 두 세계 중 어디에 속해야 할까?" 이 질문에 대해 우리는 기꺼이 이렇게 대답할 것이다. "영적인 세계에 속해야 한다." 그런데 여기에서 의문점이 생긴다. "하나님은 영적인 세계에만 계신 분일까? 하나님에게 세속적인 세계는 중요하지 않으실까?", "그리스도인에게 있어서 세속적인 세계는 중요하지 않은 것일까?" 이에 대해 루터는 영적인 세계와 세속적인 세계는 둘 다 하나님께 속한 것이라고 말한다. 더 나아가 이 두 세계는 서로 분리되어 존재하는 것이 아니라고 본다. 그러나 본질적인 의미에서 두 나라는 그 의미가 서로 다르다.

> "하나님은 인간들 중에 두 종류의 정부를 수립하였다. 첫 번째 정부는 영적이다. 이는 말씀을 가지고 있다. 이를 통해 인간들은 선하고 의롭게 되며, 그 의로 영생을 얻게 된다. …
> 두 번째 정부는 세상적이다. 이는 검을 가지고 있다. 이는 영생을 위해 선하고 의로워지기를 원하지 않는 자들이 억지로 세상의 눈에 선하고

의롭게 보이도록 하기 위한 것이다."

(『1523년에는 세속 권위 : 어느 정도로 복종해야 하는가』 중에서)

하나님은 두 세계를 다 지배하고 계시지만 그 안에 속해 있는 자들은 구분해놓으셨다. 루터는 『1523년에는 세속 권위 : 어느 정도로 복종해야 하는가』에서 사람을 하나님의 나라에 속해 있는 자들과 세상 나라에 속해 있는 자들로 구분한다. 루터에 의하면 하나님 나라는 진노와 형벌의 나라가 아닌 은혜와 자비의 나라다. 그 안에는 오직 다른 사람에 대한 용서와 동정, 사랑과 봉사, 자비와 기쁨 같은 것들만이 존재할 뿐이다. 그러므로 하나님의 나라에 속해 있는 자들은 그리스도를 믿고, 그의 말씀에 순종하는 모든 진실한 신자들이다. 이에 반해 세상 나라는 진노와 형벌, 엄격의 나라다. 그 안에는 오직 형벌과 억압, 심판과 정죄만이 존재하는데 이를 통해 악한 자들을 통제하고 선한 자들을 보호하게 된다.

"교회가 교만한 인간을 성스러운 인간으로, 죽은 자를 산 자로, 저주받은 자를 축복받은 자로, 사단의 자식을 하나님의 자녀로 만드는 과제가 있는 것 같이, 세상의 정부도 야만적인 동물과 같은 자들을 인간으로 만드는 과제가 있다."

"따라서 하나님은 두 나라(통치)를 주셨는바, 하나는 영적 나라로 기독교인들과 경건한 사람들이 그리스도 안에서 성령을 통해서 하는 통치이고, 다른 하나인 세상 나라는 비기독교인과 악한 자들을 대상으로 하는 통치로서 그들을 평화롭고 평온하도록 하는 통치다."

여기에서 주의해야 할 것은 가끔 이 두 나라를 혼동하여 진노를 하나님 나라에 관련시키고 자비는 세상 나라에 관련시키는 것이다. 이런 혼동은 매우 주의해야 할 부분이다.

"이것은 마귀를 천국에 두려 하고 하나님을 지옥에 두려 하는 것과 같다."

이 혼동을 피하기 위해서는 하나님 나라와 세상 나라 혹은 영적인 나라와 현실적인 나라는 구분되어야 한다. 예수님은 이에 대해 마태복음 22장에서 분명하게 분별하여 가르치셨다.

"이에 바리새인들이 가서 어떻게 하면 예수를 말의 올무에 걸리게 할까 상의하고 자기 제자들을 헤롯 당원들과 함께 예수께 보내어 말하되 선생님이여 우리가 아노니 당신은 참되시고 진리로 하나님의 도를 가르치시며 아무도 꺼리는 일이 없으시니 이는 사람을 외모로 보지 아니하심이니이다 그러면 당신의 생각에는 어떠한지 우리에게 이르소서 가이사에게 세금을 바치는 것이 옳으니이까 옳지 아니하니이까 하니 예수께서 그들의 악함을 아시고 이르시되 외식하는 자들아 어찌하여 나를 시험하느냐 세금 낼 돈을 내게 보이라 하시니 데나리온 하나를 가져왔거늘 예수께서 말씀하시되 이 형상과 이 글이 누구의 것이냐 이르되 가이사의 것이니이다 이에 이르시되 그런즉 가이사의 것은 가이사에게, 하나님의 것은 하나님께 바치라 하시니 그들이 이 말씀을 듣고 놀랍게 여겨 예수를 떠나가니라"(마 22:15~22).

위의 말씀은 영적인 세계만을 중요시하고 세속적인 세계를 등한히 하라는 것이 아니다. 루터에 의하면 세상의 정치적인 권위도 하나님의 경륜하에서 바라보아야 한다고 주장한다. 즉 자연과 역사의 모든 세력이 하나님의 심판에 따라 움직이고 있음을 인식해야 한다는 것이다. 그러므로 우리는 세속적인 세계를 지배하고 통솔하는 정부가 하나님의 뜻과 계획 가운데 허락된 것임을 의심하지 말아야 한다.

"각 사람은 위에 있는 권세들에게 복종하라 권세는 하나님으로부터 나지 않음이 없나니 모든 권세는 다 하나님께서 정하신 바라 그러므로 권세를 거스르는 자는 하나님의 명을 거스름이니 거스르는 자들은 심판을 자취하리라"(롬 13:1~2).

"인간의 모든 제도를 주를 위하여 순종하되 혹은 위에 있는 왕이나 혹은 그가 악행하는 자를 징벌하고 선행하는 자를 포상하기 위하여 보낸 총독에게 하라"(벧전 2:13~14).

세속적인 세계의 모든 권위는 하나님에게서 부여된 것이다. 그러므로 우리가 세속적인 세계의 권위에 복종하는 것은 권력자들에 대한 복종이 아닌 하나님의 이 세상에 대한 섭리와 간섭을 인정하고 이에 복종하는 것임을 알아야 한다.

그렇다면 왜 성서에서는 권세자들에 대해 복종하라고 말씀하고 있을까? 그 답은 세속적인 세상을 다스리시는 하나님께서 세상의 온전한 질서와 생명을 보전하기 위해 이성과 법을 사용하고 계심에서 찾아야 한다. 그리고 이성과 법은 인간을 통해 이루어진다. 그러므로 인간은 하나님의 조력자로서 이 통치에 참여하게 된다. 하나님의 조력자로서 이 세상에서 다스리는 권세를 가진 자들이라는 의미에서 권세자들에 대한 복종을 이해해야 할 것이다.

> "복음은 정부, 제후들, 주인들이 악한 것을 처벌해야 한다고 말합니다. 도둑질해서는 안 된다고 말합니다."

> "이 세상의 야만적이고 거친 무리에게는 주인에게 시달리고 주인을 무서워하고 또한 짊어져야만 하는 것이 필요하듯이, 슬픔에 빠진 마음과 낙담에 빠진 양심에게는 무거운 짐과 부담으로부터 해방되는 것이 필요합니다."

그러나 이 두 세계 사이에는 차이점이 있다. 그것은 세속적 세계의 마지막은 현세의 평화이지만 영적인 세계의 마지막은 영원한 평안이라는 것이다. 그러므로 '하나님의 성령'이 통치하는 영적인 세계는 그리스도의 십자가 안에 숨어 계신 하나님께 초점을 맞추어야 한다.

루터는 이 십자가에서 하나님은 자신을 계시하고 계신다고 말한다. 하나님은 십자가 안에 자신을 숨기시고, 인간에게 신앙을 선물로 주셔서 인간으로 하여금 하나님 앞에 겸손하게 만드는 분이시다. 그러므로 영적인 세계는 십자가를 통한 하나님의 말씀과 활동으로만 이해될 수 있는 것이다.

> "복음은 은혜로 충만한 복된 가르침이요 친절한 소식이고 위로로 가득 찬 기쁜 소식입니다. 이것은 마치 한 부자가 가난한 거지에게 '내일 너는 수십만의 굴덴을 갖게 될 것이다.'라고 말하는 것과 같습니다. 이것이야말로 그에게는 복음이고, 그가 즐겨 듣게 되고 마음으로부터 기뻐하게 될 즐거운 소식인 것입니다. 그러나 이러한 위로로 가득한 은혜가 충만한 설교, 즉 그리스도는 곤궁한 자를 떠안으시고 가난한 죄인들(율법에 붙잡혀 있는 자들)을 영원한 생명과 의로 돕고자 원하시는 왕이라는 설교에 비한다면, 금이나 재화가 뭐 그리 대단한 것이겠습니까? 여기서 그리스도는 말하기를, 이러한 말씀(설교의 내용)이 바로 나의 나라이며 그것은 세상의 나라와 매우 다르다고 하십니다."

"그렇다면 하나님의 통치에 있어서 동전의 양면과 같은 영적인 세계와 세속적인 세계에 있어서 그리스도인은 어떤 자세를 가지고 살아야 할까?" 그리스도인은 영적인 세계에 있어서는 절대자이신 하나님에 대한 순종의 의무를 가지고 있으며, 세속적인 세계에 있어서는 개인의 정치적 의무를 가지고 있음을 기억해야 한다. 특히 세속적인 세계 안에서 그리스도인은 지배자로서든 피지배자로서든 그의 맡겨진 직분을 성실히 수행해야 한다. 즉, 세속적인 세계에 대한 관심과 연민을 가짐과 동시에 법과 이성이 요구하는 의무를 행해야 하며, 그 의무를 요구할 권리가 있음을 알아야 한다는 것이다. 하지만 더욱 중요한 것은 -

루터에 의하면 - 하나님이 창조한 이 세상 가운데서 그리스도인이 어떤 의식과 목적을 가지고 살아가야 하는가에 대해 분명한 자기 성찰이 있어야 하며, 더 나아가 역사가 어떻게 흘러왔고 흘러가고 있는가를 파악할 수 있는 직관을 갖추는 것이다. 그러므로 세속적인 세상을 살아가면서 영적인 세상에 속해 있는 그리스도인은 세속적인 세상을 외면하고 무관심으로 대응하는 것이 아닌 더욱 적극적으로 세속적인 세상에 관심을 가지고 참여해야 할 의무가 있다. 왜냐하면 하나님은 역사의 주관자이시기 때문이다.

> "'그렇다면 사람들은 먹고 마시지 말아야 합니까? 생계를 꾸려 나가지 말아야 합니까? 일하며 전력하지 말아야 합니까?' 대답은 다음과 같습니다. '예, 사람은 먹고 마셔야 합니다. 음식과 일은 금지되어 있지 않습니다. 하지만 탐욕은 금지되어 있습니다.'"

1. 당신은 '영적인 영역'에 속한 자입니까, 아니면 '세상적인 영역'에 속한 자입니까?

2. 당신은 그리스도인으로서 영적인 세계만을 고집하여 세속적인 세계를 멀리하고 무관심으로 대응하는 잘못을 저지르고 있지는 않습니까?

5. 루터가 우리에게 말하는
교회의 의미

    교회가 존재하는 가장 중요한 이유는 무엇일까? 말씀일까? 기도일까? 교제일까? 선교일까? 전도일까? 교육일까? 아마도 이 모든 것이 다 중요할 것이다. 그러나 그 가운데 가장 중요한 것을 하나 선택해야 한다면 무엇을 선택해야 할까? 과연 선택할 수 있을까? 루터는 교회가 존재하는 가장 중요한 이유를 바로 '말씀'에 있다고 보았다. 그는 교회 안에서는 말씀이 최우선에 선다고 강조하였다. 그러므로 루터에게 있어서 교회는 말씀을 듣는 사람들의 공동체라고 할 수 있다.

> "교회란 기독교적이고 거룩한 백성들의 모임이며, 이 백성들은 그리스도를 믿는다."

    그렇다면 교회에서 말씀을 듣는 우리 그리스도인은 어떤 모습을 갖추게 되는 것일까? 바로 거룩한 모습을 갖추게 된다. 그런데 여기에서 주의할 것은 단지 말씀을 듣는 것만으로 거룩한 모습을 갖추게 되는 것이 아니라는 사실이다. 거룩하게 되는 것은 예수 그리스도에 대한 믿음과 더불어 우리를 매일 거룩하게 만드시는 성령님으로 인해 가능하게 된다. 이 두 가지가 그리스도인으로 하여금 그의 삶에서 하나님의 말씀이 역사하게 만드는 것이다.

"말씀은 기독교인이 거룩한 성도로 불리게 되는 직접적인 원인이다. 왜냐하면 하나님의 말씀은 거룩하고, 또한 그 말씀이 스쳐 지나가는 모든 것을 거룩하게 만들기 때문이다. 그렇다! 말씀은 하나님의 거룩함 그 자체다. … 왜냐하면 성령 스스로가 말씀을 인도하며, 또한 교회에 기름을 붓고 교회를 거룩하게 만들기 때문이다."

"외적인 모습과 용모는 쓸모가 없습니다. 복음만이 순수하게 설교되는 곳에서, 거룩한 성례전이 올바르게 행해지는 곳에서, 그리고 각자가 자신에게 명령된 직임과 일을 자신의 신분 안에서 수행하는 곳에서, 우리는 분명히 하나님의 백성과 올바른 그리스도인들을 발견합니다."

그리스도인의 거룩함은 예식이나 예전, 성가대 혹은 목사의 가운과 같은 것에서 오는 것이 아니다. 바로 하나님의 말씀과 그 말씀에 대한 올바른 신앙에서 생기는 것이다. 우리는 찬양을 통해, 영상을 통해, 조명을 통해, 무대 장식을 통해 카타르시스를 느낄 수 있다. 그 안에서 웃기도 하고 울기도 하며, 감명을 받기도 하고, 위로를 받기도 한다. 하지만 이를 통해 거룩하게 되지는 않는다. 이 사실을 꼭 명심해야 한다. 그리고 기억해야 할 것이 한 가지 있다. 바로 우리가 거룩하게 되는 것은 오직 하나님의 말씀, 그것뿐이라는 진리다.

"인간은 자신에게 설교되는 그리스도의 말씀을 부지런히 들어야 합니다."

그러므로 루터는 교회를 교회되게 하는 것은 "하나님의 말씀에 대한 올바른 선포와 더불어 성례전이 말씀대로 집전되는 것"이라고 강조하였다. 교회가 교회되게 하는 것은 나, 즉 그리스도인으로 인해 이루어지는 것이 아니다. 내가 경건해서, 내가 선행을 많이 해서 교회가 교회되는 것이 아니라는 말이다. 이는 단지 교회 구성원으로서 당연히 해야 될 의무일 뿐이다. 이를 통해 교회가 세워지는 것은 아니다. 오직 '말씀'만이 교회를 교회되게 하는 본질적인 근거가 된다.

그렇다면 이 세상에는 수많은 교회가 있다. 그 교회들이 교회로서의 본질을 잘 지키고 교회의 역할을 잘하고 있을까? 여기에서 우리가 간과해서는 안 될 사실이 있다. 바로 이 세상에 존재하는 모든 교회가 다 진정한 교회는 아니라는 것이다. 그 가운데에는 참 교회도 있고 거짓 교회도 있다. 그렇다면 어떻게 해야 참 교회와 거짓 교회를 구분할 수 있을까? 사람의 눈으로 확인할 수 있을까? 그것은 가능할 수도 있지만 그렇지 못할 수도 있다. 교회의 형태는 갖추었지만 거짓 교회인 경우도 다분히 많기 때문이다.

루터는 참 교회와 거짓 교회를 구분할 수 있는 방법을 다음과 같이 제시한다. 바로 교회의 머리가 예수 그리스도인지 아닌지에 있다는 것이다. 예수 그리스도께서 교회의 머리가 되실 때, 그 교회는 참 교회라 불릴 수 있다. 루터에게 있어서 교회는 인간이 만드는 것이 아니다. 오직 예수 그리스도가 머리가 되시고 그 안에 우리가 한 몸을 이룰 때 교회가 되는 것이다. 더 나아가 인간이 다스리는 곳이 아니라 성령이 다스리는 곳이 될 때 교회가 되는 것이다.

> "사랑하는 이여, 당신은 하나님이 그리스도를 보내신 것처럼 받아들여야 하지, 당신이 그를 갖기를 원하는 것처럼 받아들여서는 안 된다."

> "만일 여러분이 기독교 교회를 바르게 묘사하고자 원한다면, 그리스도가 기독교 교회를 자신의 어깨 위에 놓고 있으며 그리스도가 기독교 교회를 짊어지셔야 한다고 묘사하기 바랍니다."

그런데 참 교회는 눈에 보이게 나타나는 것이 아니다. 그러므로 많은 사람들이 거짓 교회에 미혹되어 잘못된 길로 가는 경우가 종종 발생한다. 루터에 의하면 참 교회는 참 믿음을 통해서만 도달할 수 있다. 단지 성례가 집전되고 세례가 행해지더라도, 말씀이 선포되고 찬양이 울려 퍼져도 그것이 하나님의 뜻 안에서 행해지는 것이 아니라면, 또한 예수 그리스도께서 머리가 되시지 않는다면, 그것은 참 교회가 아니다. 그런데 참 교회는 보이는 교회 그 자체는 아니지만, 또한 보이는 교회와 무관하게 따로 존재하는 것도 아니다. 참 교회는 보이는 교회라는 테두리 안에 존재한다. 그래서 참 교회는 눈에 보이기도 하지만 또한 동시에 보이지 않기도 한다.

> "참 교회는 육(형체)으로 드러나고 그 안에 존재한다. 그러나 그것이 육

체는 아니다. 참 교회는 세상 안에 존재한다. 그러나 그것은 세상은 아니다."

그렇다면 보이기도 하지만 보이지 않기도 하는 참 교회를 거짓 교회와 구별하는 궁극적인 기준은 무엇일까? 바로 '말씀'이다. 루터는 '참 교회'를 '참 사도적인 교회'라고 부르기도 하였다. 그리고 참 사도적인 교회의 척도는 '말씀'에 있다고 보았다. 그렇다면 그 말씀은 어떤 말씀이어야 하는 것일까? 교회 안에서 말씀이 선포되면 다 참 교회인 것일까? 그것은 아니다. 오직 말씀이 예수 그리스도께서 가르치셨던 대로 바르게 선포될 때, 참 교회이자 참 사도적인 교회가 될 수 있는 것이다. 우리 그리스도인이 갖춰야 할 것은 교회가 순수하게, 세속적인 욕심과 욕망이 없이 오직 성서에 근거한 말씀을 선포하고 있는가에 대한 올바른 눈과 마음을 갖추는 것뿐이다.

"눈앞에 있는 기독교 교회가 교회로, 눈앞에 보이는 내가 그리스도인으로 보이지 않는 것은 우리의 교만 때문입니다."

"그러나 만일 당신이, 그들이 세례 받았고 그리스도를 믿고 있고 올바른 열매로써 그들의 믿음을 증명하고, 십자가를 인내와 소망 속에서 짊어지고 있음을 주목한다면 그것은 옳은 일입니다. 왜냐하면 그것이 바로 우리가 기독교 교회를 인식할 수 있는 바른 빛깔이기 때문입니다."

1. 당신은 말씀을 사모하며 예배에 임하고 있습니까, 아니면 형식적인 몸가짐으로 말씀을 듣고 있습니까?

2. 당신은 진정한 그리스도인입니까?

루터, 겨울에 설교하다

루터의 대강절과 성탄절 설교

권진호 · 김정희 공저

초판 1쇄 2014년 11월 15일

발 행 인 전용재
편 집 인 손인선
펴 낸 곳 도서출판 kmc
등록번호 제2-1607호
등록일자 1993년 9월 4일
(110-730) 서울특별시 종로구 세종대로 149 감리회관 16층
　　　　　기독교대한감리회 출판국
대표전화 02-399-2008, 4365(팩스)
홈페이지 http://www.kmcmall.co.kr
디 자 인 코람데오

값 **9,000**원
ISBN 978-89-8430-666-0 93230

이 도서의 국립중앙도서관 출판예정도서목록(CIP)은 서지정보유통지원시스템 홈페이지
(http://seoji.nl.go.kr)와 국가자료공동목록시스템(http://www.nl.go.kr/kolisnet)에서
이용하실 수 있습니다.(CIP제어번호: CIP2014031424)